陸上競技入門ブック

中長距離・駅伝 第2版

ベースボール・マガジン社

はじめに

「偉いねー」「よく頑張るねー」

　物心がつき始めた小学生のとき、走ることが好きで、走ることが得意だった私は、近所の人によくこの言葉をかけてもらいました。自分の好きな「走る」ことを認めてもらえていることに、ますます気分を良くし、周囲の人が「マラソンは苦しい」「長距離を走るのはキツイ」というような、一般には困難とされていることが特技であることに『特別感』を抱いていました。これが走ることを始められたきっかけです。

　スポーツが得意である人は、たいていのスポーツを経験します。ある程度続けてみるなかで、それが楽しいのか、自分に合っているのかなどを探り、自分なりの楽しさを見つけて、いつしか目標を持つようになり、そうして競走や競技といった競い合う楽しみを求めるようになります。

　この本を手にした中・高校生のあなたはどの段階ですか？　指導者の方はどのような中・高校生が対象ですか？

　本書は入門書として、部活動やクラブ、選手個人、指導者や保護者など、これから専門的に中長距離走に取り組んでいきたい「選手」や、それを支える人を対象にしてます。

　中長距離走に取り組むこの年代では、他のスポーツとの掛け持ち、あるいはスポーツ以外の分野との二足のわらじで取り組んでいる人も多いでしょう。一方で、走ることは多くのスポーツの一場面であったり、体力を向上させる手段であったりもします。始業前に全校生徒での持久走を実施している学校もあるようです。つまり、将来のオリンピックランナーはどこから出てくるかわからない、ということです。

原始の時代から、私たちは長い距離を速く走るという基本的な能力を身につけており、現代人も含め、世に生を受けた多くの人々は「走る」という、人として基本的な活動を必ず経験しています。

　そのなかで、それぞれの人が走ることに対しての向き不向きを判断し、特に優れていると感じた人はそれを得意なこととして、時に競技の世界でその能力を活かし伸ばしていくでしょう。

　したがって「走る」というこのスポーツは、世界で最も経験者が多いスポーツで、最もすそ野が広く、世界一の経験人口を有しています。このことから、陸上競技の中長距離走は、数多く存在するスポーツの中で世界最高峰レベルにあり、これこそ「キングオブスポーツ」といえるのです。

　本書は、陸上競技の中長距離走の入門書として中・高校生を対象とし、特にこれから競技として中長距離走に取り組んでいきたい若年層に向けて解説します。そこで身近でなじみやすいものとなるように、練習や試合で直面する場面、種目別のトレーニング方法、日常生活での注意点などを、写真や動画を多く取り入れてわかりやすく解説します。

　本書が、多くの若者が中長距離走のすばらしさを感じるきっかけとなり、その強化と普及に役立ち、やがてトップアスリートとなって世界に羽ばたくことを願ってやみません。日本人がこの「キングオブスポーツ」の頂点に立つことは、陸上人として切に願うことです。そのためにも、本書が多くの若者の目に留まることを心から望んでいます。

両角　速

デザイン／橋本千鶴
解説写真／長岡洋幸
編集協力／LUXE
動画編集／アイムプロダクション

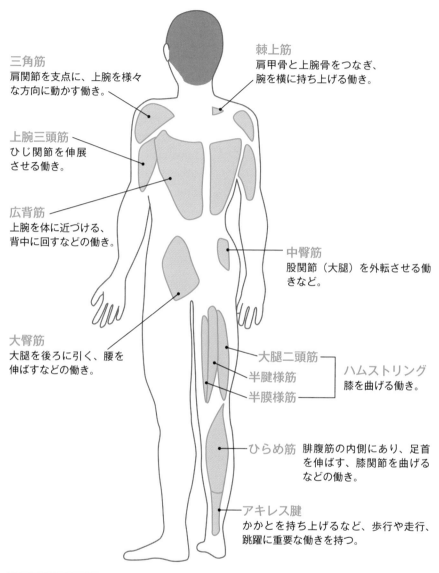

三角筋
肩関節を支点に、上腕を様々な方向に動かす働き。

棘上筋
肩甲骨と上腕骨をつなぎ、腕を横に持ち上げる働き。

上腕三頭筋
ひじ関節を伸展させる働き。

広背筋
上腕を体に近づける、背中に回すなどの働き。

中臀筋
股関節（大腿）を外転させる働きなど。

大臀筋
大腿を後ろに引く、腰を伸ばすなどの働き。

大腿二頭筋
半腱様筋
半膜様筋
ハムストリング
膝を曲げる働き。

ひらめ筋　腓腹筋の内側にあり、足首を伸ばす、膝関節を曲げるなどの働き。

アキレス腱
かかとを持ち上げるなど、歩行や走行、跳躍に重要な働きを持つ。

筋肉の総称など

脊柱起立筋：脊柱の背面に沿った一群の深層筋。

前腕屈筋群：手のひら側の前腕（ひじから先）に付く、手首を屈曲させる筋肉群。

腱板：肩関節を取り巻く四つの筋（棘上筋、棘下筋、肩甲下筋、小円筋）の腱からなる部分。上腕骨頭を肩甲骨に保持し、肩関節を安定させる働きを持つ。

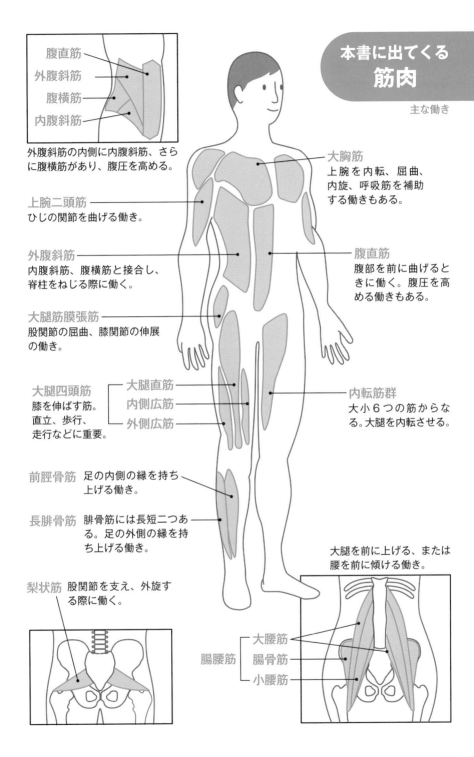

腹直筋
外腹斜筋
腹横筋
内腹斜筋

外腹斜筋の内側に内腹斜筋、さらに腹横筋があり、腹圧を高める。

大胸筋
上腕を内転、屈曲、内旋、呼吸筋を補助する働きもある。

上腕二頭筋
ひじの関節を曲げる働き。

外腹斜筋
内腹斜筋、腹横筋と接合し、脊柱をねじる際に働く。

腹直筋
腹部を前に曲げるときに働く。腹圧を高める働きもある。

大腿筋膜張筋
股関節の屈曲、膝関節の伸展の働き。

大腿四頭筋
膝を伸ばす筋。直立、歩行、走行などに重要。

大腿直筋
内側広筋
外側広筋

内転筋群
大小6つの筋からなる。大腿を内転させる。

前脛骨筋 足の内側の縁を持ち上げる働き。

長腓骨筋 腓骨筋には長短二つある。足の外側の縁を持ち上げる働き。

大腿を前に上げる、または腰を前に傾ける働き。

梨状筋 股関節を支え、外旋する際に働く。

腸腰筋
大腰筋
腸骨筋
小腰筋

7

本書の使い方

Part1 では正しいランニングフォームの身につけ方を、次いで Part2 では競技レベル向上のためのトレーニング方法について解説します。さらに Part3 では試合に勝つための年間計画や戦略について、Part4 ではコンディション作りのポイントを解説します。

トレーニングの目的や実践のポイントをしっかりつかみましょう。

段階的にトレーニングを進めることができます。この例では動画で、ウォーク→スキップ→連続のそれぞれの動作を確認できます。

動画のみかた

QR コードをスマートフォンやタブレット型のパソコン等に付属のカメラで読み取り、視聴してください。動画は本書のために新たに撮影・編集したものです。音声解説はついていません。全てのトレーニングに動画がついているものではありません。

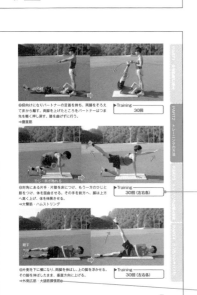

実施回数の目安です。体力やコンディションなどに合わせて無理をしないようにしましょう。

トレーニングやストレッチングなどで、特に意識したい（効果を高めたい）筋肉名を挙げています（前ページ参照）。

PART1

中長距離走の基本

中長距離走の特性や選手に求められる条件、
正しいフォームなどを理解し、
望ましいトレーニングへと
つなげていきましょう。

中長距離走の特性

中学生と高校生の陸上競技における中長距離走種目は主に 800m、1,500m、3,000m、5,000m、3,000m 障害、クロスカントリー、ロードレース、駅伝になります。いずれの種目も順位と記録を競い合い、「長い距離をいちばん速く走る」という極めて単純でわかりやすいスポーツといえます。競技会場はトラック、ロード、自然環境の中と様々です。

心と体の鍛錬が求められる

　中長距離種目の特性とは、どのようなものでしょうか。例えば 3,000m 競走をしたときに、あなたはどのような感想を持つでしょうか？　感じ方は人それぞれで異なると思いますが、「後半に体が動かなくなり、体力が続かない」、「我慢しきれずに、走る気持ちが切れそうになる」、「息が切れて苦しい」などが最も多いと思われる感想です。

　これらのことは、一つには精神力、気持ち、心、我慢、忍耐などと形容される脳の感じ方、もう一つには体力、持久力、筋力など体が受ける影響、すなわち「心」と「体」が中長距離走において成果を求める場合の重要なポイントとなることを示しています。

　つまり、勝負を決する心と体をライバルとの競争に競り勝てるように鍛えていく必要があるのです。特にトップ選手を目指すのであれば、極めて高い忍耐力が必要となります。

中長距離選手に求められる条件

①最大酸素摂取量の値が高いこと

より多くの酸素を運動中の体に取り込み、エネルギーを生産できること

　長時間走り続けると、息が苦しくなり「ゼーゼー、ハーハー」といった荒い息使いになります。必要なエネルギーの生産に酸素の供給が間になっていない状態です。より多くの酸素を取り込む能力が必要で、大量の血液を体内に送り込む大きな心臓、酸素を体内の細胞に送り込む赤血球の数や大きさなどが必要になります。一流選手などは、これらの能力を高地トレーニングなどで鍛えています。

②無酸素性作業閾値（AT：Anaerobic Threshold）が高いこと

乳酸が急激に発生し始めるポイントが高いこと

　エネルギー源となる糖質（グリコーゲン）は運動量が高まると乳酸という代謝産物を出し、これが運動の妨げとなっています。乳酸は、体にこれ以上無理な負担をかけない意味で、ある種の抑制機能としてなくてはならない物質です。この抑制機能が働き始めるポイントが高ければ、より高度なランニングが可能なのです。このポイントはトレーニングによって高めることが可能です。AT ポイント

手前のところでの持久走が特に有効です。

③ランニング・エコノミー（走の経済性）
無駄なエネルギーロスがなく、脚への負担が少ないランニングフォーム

　ランニングがスタートしてからゴールするまで、エネルギーの補給ができなければ消耗する一方です。限られたエネルギーをより経済的に効率よく利用するためには、無駄の少ないランニングフォームの獲得は不可欠です。また、脚への負担の少ないランニングフォームは故障のリスクの軽減につながります。

④長距離走に見合った体形
体脂肪が少なく、やや細身な体形

　優れたランナーの体を見ると、たいへん鍛えられた「スリム」な無駄のない体つきをしています。特に体脂肪率は一ケタ台と少なく、軽量なボディをしています。「スタート地点からゴール地点まで自分の体をいちばん早く運ぶ」競争が長距離走です。体が軽いにこしたことはありません。

⑤高い忍耐力と動機づけ、強い意志力
絶対に強くなる、負けたくない、優勝する…それを貫き通す気持ち

　特に長距離走は「我慢のスポーツ」ともいわれ、高い忍耐力が要求されます。筆者が指導し高校記録を達成した選手に共通していることは、自己の力を上げる

うえで必要な練習に対して高い忍耐力を持ち、練習を最後までやり抜き、途中でやめるようなことは決してなかったということです。苦しいことから逃げない、強い意志を持っているのです。忍耐力は、一度のレースに限ったことではなく、日々のトレーニングを地道に積み重ねていくうえで重要な力です。優れた才能を持って生まれたとしても、それを活かそうという意欲がなければ、才能は活かされないまま終わるのです。

⑥失敗を決して恐れないチャレンジ精神
速く走るということに挑戦している、この気持ちを強く持ってほしい

　多くの競技者を見ていると「いったい何が目的で、中長距離走をしているのだろうか」と思わせられることが多々あります。それらは特に、チャレンジしない姿勢に感じることが多いのです。

　全ての競技スポーツは何かに挑戦しているのです。であるならば、日々のトレーニングもチャレンジしている前提で行うべきです。特に苦しさを乗り越えなくてはいけない長距離走においては、チャレンジ精神なくして勝利はありません。また、挑戦に失敗は付き物です。失敗は恥ずかしいことではありません。できるようになるために行うのがトレーニングです。できなくて当然なのです。

中長距離走の種目

		一般（オリンピック）		高校 ※1		中学 ※2	
		男子	女子	男子	女子	男子	女子
トラック競技	中距離	800m	800m	800m	800m	800m	800m
		1500m	1500m	1500m	1500m	1500m	1500m
	長距離	5000m	5000m	5000m	3000m	3000m	
		10000m	10000m				
	障害物	3000m SC	3000m SC				
道路競技	マラソン	42.195km	42.195km	駅伝 (42.195km)	駅伝 (21.0975km)	駅伝	駅伝

※1 全国高等学校総合体育大会　※2 全日本中学校陸上競技選手権大会

決心・信念・節制・
そしてハードトレーニング

まず、決心すること

　強い選手になるためには、まず決心することです。「必ず一流の選手になってやる」そう心に決めればいいのです。筆者は長距離競走を始めた小学校3年生のころ、学校の先生に「走り方が悪いから素質がない。やめたほうがいい」と言われました。しかし、その言葉に反発した筆者は「見ていろよ！」と思い、それから毎朝3kmを走りました。そして6年生の秋に、市内のマラソン大会に出場し、大会新記録で優勝しました。以来20年間にわたり長距離競走を続け、インターハイ、箱根駅伝、全日本実業団駅伝を走り、海外のマラソンでも優勝できました。素質とは決心です。小学校の先生の言葉は筆者に決心をさせ、そして素質を与えてくれました。

信念を持って取り組む

　決心したら、次は「信念」を持って取り組むことです。チャンピオンになりたかったら、つらいことや苦しいことなど当たり前です。故障もします。調子がよくても、思うような結果が出ないときもあります。そうしたときにいちいちくじけたり、諦めていたのでは、何のために競技をやっているのかということになります。そうならないためにも、「信念」を持ってやってく

ださい。「こう決めたら、絶対に最後までやり抜いてみせる」そう自分自身に言い聞かせて、どんなことがあろうとも、決めたことは最後まで貫く姿勢を崩さないのです。

　筆者は93年の福岡国際マラソンを、故障で痛めた脚の手術のために、病院のベッドの上で見ていました。そのとき、同年のライバル選手であった旭化成の川嶋伸次選手が、日本人トップになったのを見て、「来年の福岡国際マラソンを必ず走ってやる」と決心しました。それからの1年は、手術後ということもあり全く思うようには練習できず、何度も諦めかけました。しかし、「自分で決めた目標だ。だめでも最後まで諦めないぞ」と自分を奮い立たせました。そして結果は別として、手術後1年で福岡国際マラソンを完走しました。そのとき自分自身を「ずいぶんと頑張れたなー」と振り返ることもできました。つらいことを乗り越えられれば、それこそが成長と自信になります。ひと回りもふた回りも強い人間になれるのではないでしょうか。

環境の中でのトレーニング

　決心が固まり、信念の元で取り組む姿勢が整ったら、次は競技者として節制しなければいけません。競技第一主義の生活をするのです。全ての行動一つ一つを、自分が真剣勝負を挑んでいる競技にとってマイナスでないかを問いかけ、これは

競技にマイナスであるという行動は避けるべきです。主に遊びや不摂生な食事がそれに該当します。遊びはほどほどのところで切り上げ、毎日8時間は確実に睡眠をとり、暴飲暴食や偏った食事をしないことです。

そして何よりも、ハードトレーニングです。筆者のトレーニングに関しての考えは、「人と同じ練習をしても、人並みの成果しかあげられない」ということです。様々な工夫をこらし、ハードなトレーニングを好んで行わなければ、人がうらやむようなな結果など絶対に出せません。自分が（自分達が）おかれている環境を好きになり、その中で最大限の努力を何回も何回も繰り返すのです。

佐久長聖高校のある長野県佐久市は、標高800mの高原で、冬は毎朝氷点下10度前後、いちばん近くの陸上競技場まで車で1時間、県の東部に位置するため選手も集まりにくい場所です。

しかし、筆者はこの佐久市が大好きです、それはこの環境が筆者や選手に様々な試練を与えてくれて、様々な苦労や工夫をさせてくれるからです。多くのことを学ばせてくれて、高い目標はそう簡単には達成できない、という当たり前のことを毎日教えてくれます。筆者にとって（筆者たちにとって）ここは最高の環境なのです。

気候や練習環境に恵まれた良い場所で成果をあげている学校はたくさんあります。しかし、それをうらやんでいても何もなりませんし、自分のおかれている厳しい環境を、失敗の言い訳にしても何も解決はしません。自分に与えられた環境でやるしかないのです。そこでできることを精一杯、粘り強く継続していれば、いつかチャンスは必ず訪れると信じています。

勝利への第一歩

筆者は幕末の偉人吉田松陰が言った「学ぶ時間がないと言う者は、時間があっても学ばない」という言葉を様々なことに当てはめて、心の支えにしています。この言葉はそのままでも解釈できますが、筆者は「言い訳をしない」という解釈のしかたもしています。スポーツマンの最も恥ずべき行為に「言い訳をする」ということがあります。皆さんも失敗したときは、言い訳をグッとこらえて我慢して、次への前向きな行動を起こすのです。それこそが勝利への第一歩となるのです。

卓越した成果や記録は、長い間の努力の積み重ねでできあがります。また、できた人にしか味わえない、素晴らしい喜びが得られるのもスポーツマンの特権です。皆さんが肉体的にも精神的にも優れた選手になれることを心から応援しています。

成功する選手の特性

① 自身の改善に必要な練習に対して、高い忍耐力を持ち、完遂率が高い。
② この練習は「何のために行うのか」の意識付けが常にできている。
③ あらゆる事態を予測でき、その準備を怠らない。

13

COLUMN

箱根駅伝の魅力
中・高校生の夢、大学生の目標

駅伝と言えば「箱根駅伝」！

駅伝のみならず、スポーツに関心のある人なら、箱根駅伝を知らない人はいないでしょう。東海大学で指導する学生に「長距離走を始めたきっかけは？」と問うと、多くが小・中学生時代にテレビ画面で見た箱根駅伝に魅せられたことだと答えます。「自分も大学生になったら箱根駅伝を走りたい」という漠然とした憧れがその始まりです。

大学で長距離走を目指す高校生の多くが、箱根駅伝を走りたくて関東の大学に進学します。箱根駅伝は、正月2日、3日に12時間以上にわたりテレビで生中継され、視聴率は平均30％を超え、国民の3人に1人はテレビ画面に釘付けとなり、沿道では100万人の観衆が声援を送ります。その箱根駅伝の魅力とは何なのでしょうか？

夢を追いかけて中学・高校の部活動で夢中になって走り続け、それが大学では目標に変わり、毎日のトレーニングで力を付けて、目標は現実のものとなっていくのです。

箱根駅伝は、「世界に通じる長距離選手の育成」を目指して、日本マラソンの父と呼ばれた金栗四三さんらの尽力で開催が実現した駅伝競走です。100回に迫る歴史と、200km以上の総距離を10人のたすきでつなぐ駅伝競走は、世界的にも類を見ません。

1区間20km以上の距離と、5区・6区に象徴される激しい坂道の過酷なコースを、仲間との絆と母校の栄誉を心に秘めて走り切るその力は、オリンピックをはじめ世界の多くの舞台に立つランナーを輩出してきました。2008年の北京大会以降の4大会におけるオリンピック男子マラソン代表16名は、全て箱根ランナーです。

私は、第62回～65回箱根駅伝を4回走りました。40年ほど前のことですが、子供心ながら箱根駅伝に憧れ、東海大学に進学して夢を実現しました。その記憶は今でも鮮明です。

当時の私は、箱根駅伝を走ることが目標で、優勝しようとか区間賞を取ろうとまでは考えてはおらず、箱根駅伝を走れたことで満足していました。花の2区を走った4年生のときは、戦力も整い、「3位以内には!?」と目標を掲げましたが、あえなく8位に終わり、自分の力の弱さを実感しました。

それから24年後、第88回箱根駅伝に、私は母校の監督として指揮をとる立場で再び箱根路に戻ってきました。自分がランナーとして成しえなかった箱根駅伝優勝の大きな目標のもとでスタートを切りました。

箱根駅伝初采配は12位、惨敗です。翌年は予選会でも負けて、母校の40回続いていた箱根駅伝の連続出場も途切れさせてしまい、周囲の期待を裏切る形での監督スタートはつらい日々でした。その失敗を無駄にしないように私なりに諦めずに挑戦し続けました。周囲の温かく見守ってくださる方や、応援してくださる方々のおかげで、箱根駅伝挑戦8回目、ついに母

優勝した選手たちの
胴上げで宙に舞う。
© 陸上競技マガジン

校を初の総合優勝に導くことができました。

　選手として、監督として、箱根駅伝に魅せられ、頂点に立ち、今もなお挑戦し続ける箱根駅伝の魅力―。本当の魅力は走った選手にしかわからないのかもしれませんし、指揮をとった監督にしかわからないものでもあるでしょう。

　箱根駅伝は 100 回の長い歴史があるなかで、様々に形を変えて今日まで受け継がれています。そのなかで大きな変化がないのがコースです。東京～箱根の往復を 10 区間で走る普遍的なコース。その変わらないコースに、次々と新たなる挑戦者を迎え入れて、その歴史が繰り返されていく。

　現在は高速化が進み、過酷なものに耐える、受け身のイメージの箱根駅伝も、今や果敢に挑み向かっていく駅伝にスタイルを変えています。箱根駅伝は変わらないものと、進化していくものが共存し、年々でその魅力を変え続けていることが大きな魅力といえます。

　今年はどんなドラマが待ち受けているのか。どんなヒーローが誕生するのか。走る選手も、監督も、応援する人も、誰も予想できない結果が待ち受けているのが箱根駅伝の本当の魅力ではないでしょうか。

2019 年第 95 回箱根駅伝、東海大学初の総合優勝、ゴールテープを切る郡司陽大選手。
© 陸上競技マガジン

トレーニングにおける三原理と五原則

中・高校生がトレーニングを行ううえで、考慮し注意しなければいけないことをトレーニングの三原理と五原則に沿って説明します。

三原理（起こりうる事実や現象）

①過負荷の原理（かふか）

人の運動能力は、より高い強度の負荷を受け入れ、それに耐え、乗り越えることで能力を向上させていきます。低強度で今できる練習だからとジョギングなどばかりしていては、なかなか強くなれません。

②可逆性の原理（かぎゃくせい）

過負荷の原理と共通するのですが、現在もしくはそれ以下の強度のトレーニングを繰り返しても、能力は向上せず低下していくということです。能力を向上させるべく負荷の高い練習をしていかないと、力は逆戻りしてしまいます。

③特異性の原理（とくいせい）

スポーツの種目に適したトレーニングをしなければ、競技力は向上しません。走ることをせず、水泳や補強運動など他のことをやって速く走ることはできません。補助的な意味合いで他の種目に取り組むのは良いことですが、走ることをおろそかにして中長距離走で競技力を上げることは不可能です。

五原則（原理を踏まえた法則やルール）

①全面性の原則

同一箇所に過度な負担のかかりやすい強度が高い練習を繰り返さない

中・高校生の選手の、ケガの多さには驚かされます。ほとんどのケースが過度なトレーニングによるものであることは明らかです。体が発達途中であることは、十に考慮されなくてはいけません。

ランニングでは内臓、筋肉、骨格、関節、靭帯、血管など、全身に負荷がかかります。未発達のそれらのパーツに過度なトレーニングによって負荷をかけることは、故障のリスクと背中合わせであることを十分に理解したうえでトレーニングをしなくてはいけません。

トレーニングの「全面性」は、体全体の様々な機能をバランスよく強くしていくことを指します。体は様々なパーツどうしが、互いに関わり合いながら構成されているので、全ての機能を偏ることなく鍛えていくことを頭において、豊富な種類のトレーニングメニューを考えましょう。それらは食事と同様です。好き嫌いがあり、好きな食べ物ばかり食べていては、偏った食事になり、体の十分な発育と発達が期待できません。体に良い、より多くの食物を摂取する必要があります。トレーニングも同様です。まず、トレーニングの全面性を理解したうえで、

トレーニングを始めましょう。

②意識性の原則

トレーニングの目的や効果を意識する

　よくありがちなのが、何を目標とした
トレーニングなのか、現在行っているト
レーニングにどのような効果が期待でき
るのかを全く理解していない、または理
解しようとしないでトレーニングをして
しまうことです。実際にこのような選手
が多くみられます。

　ひと口にトレーニングといってもその
内容は様々です。選手によっても必要な
トレーニング内容は違ってきます。トレー
ニングメニューを作り、また練習すると
きには、「どうしてこの練習をするのか」
「その結果として何が期待できるのか」を
十分に理解したうえで進めましょう。と
くに、忍耐力や継続力を要するトレーニ
ングでは、「意識性」をよく理解していな
いと、簡単に投げ出してしまいやすくな
り、継続もしにくくなります。

③漸進性の原則と超回復

トレーニングの強度を徐々に上げ、十分
な休養をとる

　トレーニング効果を得るには、現在の
体力レベルに応じて、徐々にトレーニン
グ強度を上げていくことが必要です。こ
のことをトレーニングの「漸進性（ぜん
しんせい）」といいます。

　レベルの向上を目指すためには、常に
運動強度や負荷のかけ方を見直す必要が
あります。身体機能には順応性があり、
既に順応しているレベルや刺激のトレー
ニングを続けてもレベルの向上は期待で
きません（マンネリ）。

　また、トレーニング間には十分な休息
を取り入れて、負荷に強弱の波をつけて

いきながら、右肩上がりに進んでいくよ
うにします。このことを「超回復」とい
います。トレーニングと休息の関係を理
解するうえでまず重要なことは、超回復
という現象を知ることです。超回復とは、
トレーニング後に 24 〜 48 時間くらい
の休息をとることによって起こる現象
で、休息の間に筋肉の総量がトレーニン
グ前よりも増加することをいいます。こ
こで超回復について、次の３つの要点を
説明します。

1 筋肉増加のメカニズム

　筋肉を増加させるには、筋肉の破壊と
修復を繰り返さなければなりません。ト
レーニングを行うことによって筋肉は破
壊され、それから「24 〜 48 時間」か
けて徐々に修復されます。トレーニング
後は筋肉が破壊されてしまうので、ト
レーニング前よりも筋肉の総量は減少し
ますが、適切な休息時間を与えることで
修復され、さらには超回復が起きて、減
少してしまったはずの筋肉がトレーニン
グ前よりも大きな筋肉になるのです。つ
まり、超回復が起こるのを待ってから次
のトレーニングを行う方法が、筋肉を増
加させるには理想的といえます。

2 休息時間の重要性

　超回復を理解していない選手は、超回
復が起こる前（筋肉の修復を待たず）に
次のトレーニングを行ってしまいます。
これは、筋肉の破壊だけを繰り返してい
ることになるので、トレーニングを続け
ているにも関わらず、期待通りの成果を
得るのが難しくなるのです。

　超回復の原理を有効に利用することに
よって、はじめて筋肉は強くたくましく
なります。しかし、一定の休息時間を取

らずにトレーニングを毎日のように行うと、筋量が増加する前に筋肉が再度破壊されてしまい、筋肉は痩せ細ってしまいます。より効率のいいトレーニングを行うためにも、トレーニング間に適切な休息を取ることを心がけてください。

ただし、休息を取りすぎると、超回復によって増えた筋肉が減少し、元に戻ることになりますので、注意してください。

下の「超回復を利用したトレーニングにおける恒常性の上昇」のグラフを見てください。A点がトレーニングをする前の筋量です。トレーニングを行うことによって、筋量はB点まで減少（筋肉の破壊）します。そこから、筋肉の修復が起こってC点（A点と同じ筋量）まで筋量は上昇し、最後に超回復が起こることで筋量は最終的にD点まで上昇します。B点からD点までに、通常24〜48時間を要します。

つまり、破壊された後の適度な休息によって得られる超回復を有効に利用することにより、トレーニング前よりも筋量が増えることになります。このように超回復の原理を利用し、繰り返しトレーニ

ングを行えば、筋肉は効率よく大きくなっていきます。

ここで注意が必要なのが、トレーニングの強度です。わかりやすくいうと、筋肉が破壊されるレベルのトレーニングであるかどうかということです。全てのトレーニングにおいて、著しく筋肉が破壊されるわけではありません。ジョギングなどの軽程度のトレーニングでは、筋肉の破壊はほとんど起こりません。このことは、ひたすらジョギングだけを繰り返していても、望む競技レベルには達せないことからわかります。

短期、中期、長期的に、下図のような経過を頭において、超回復の原理を活用することで、競技力の向上が見えてくるのです。また、他に回復に必要な要素もあります。食事やマッサージなどで、特に激しいトレーニングの後は、筋肉の主成分であるタンパク質やアミノ酸を十分に摂取する必要があります。

3 有酸素運動を十分に行う

体が発達し切っていない年代の選手に必要なトレーニングは、有酸素運動です。無酸素運動を過度に繰り返して若年

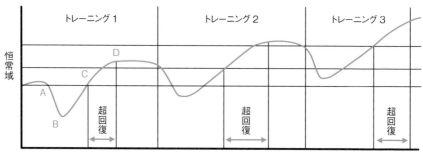

超回復を利用したトレーニングにおける恒常性の上昇

A〜B＝トレーニングによる負荷
B〜C＝クールダウン・ストレッチ・アイシング・食事などの積極的回復
C〜D＝超回復＝トレーニング効果

期を過ごした選手は短命です。このこと
は、中学時代に顕著な成績を残した選手
たちがその後、高校、大学、社会人へと
進むにつれ、有力な選手としては先細り
になっていく傾向からいえることです。

　中学から高い競技力を有すると、「もっ
ともっと」という心理が働き、練習の強
度が上がり、試合の数も増えます。回復
する時間が減り、無酸素運動で追い込ま
れる練習回数が増え、そうして消耗して
いきます。中・高校生に必要なのは有酸
素運動なのです。現在、世界の中長距離
走競技を席巻している東アフリカ勢は、
若年期に自然の中での通学や遊びでラン
ニングの習慣を会得しています。標高の
高い地に住む彼らは、決して速いペース
では走れず、ゆっくりと長い時間を走り、
自然に有酸素運動能力を鍛えてきます。
ほとんど無酸素運動はしていないのです。

　将来成功したいのであれば、400mな
どの短いインターバルトレーニング（48
ページ）、レペティショントレーニング
（49ページ）、そして過密な競技会スケ
ジュールなどは避けて、必要最小限にと
どめておくべきでしょう。

④反復性の原則と継続性

トレーニングを繰り返し行い、継続する

　スポーツ選手が行うトレーニングとは、
運動刺激による体の適応能力を利用し、
機能及び組織を向上させて、作業能力を
高めることを意味します。ルーという学
者が提唱したトレーニングの原則の中に、
この「反復性」と「継続性」があります。
技術的なものにしろ、体力的なものにし
ろ、適切な運動刺激が反復して体に与え
られることによりトレーニング効果を得
ることができるという原則です。

　トレーニングの効果は、長期間の実施
によってはじめて目に見える大きな効
果を期待することができるので、いか
に優れた施設や指導者、トレーニングメ
ニューがあったとしても、継続しなけれ
ば効果は表れません。

⑤個別性の原則

個人の体力、技術レベルに合ったトレー
ニングメニューをつくる

　遺伝的なものに後天的なものも含め
て、各個人のもつ体質、体力、技術レベル、
年齢、目的などによりトレーニング内容
を選ばなければなりません。人間の体は
千差万別、人それぞれ微妙に違いがあり
ます。当然、トレーニングメニューを作
成するときも10人いれば10通りのメ
ニューが必要になってきます。10人全
員が全く同じプログラムということはあ
り得ません。

　ただし、チームや仲間と合同でトレー
ニングを行うメリットもあります。この
ときは個別性を越えて、そのメリットを
獲得するように努めましょう。

　また、一流選手のトレーニングのコピー
は厳禁です。トレーニングの焦点が常に
他人に向けられている選手がいます。一
流選手の成功例を受け入れて強くなろう
という発想は、あまりにも短絡的すぎま
す。生まれ持ったもの、育った環境、トレー
ニング環境、全てが違うのです。

　目標とする選手から学べることは意識
と意欲です。トレーニングの真似をして
も決して強くはなれません。トレーニン
グの負荷が自分に見合ったものかどうか
が重要で、負荷が軽すぎれば不完全燃焼、
重すぎれば過度な負担がかかり、疲労の
蓄積から意欲が低下します。

ランニングフォーム

記録を伸ばし、レースで勝つことを目指すためには、自分の身体能力を最大限に活かすことのできるランニングフォームを習得しなくてはなりません。「正しいフォーム」は「速く走る」ための、とても大切な技術です。

スピードとフォーム

　正しいフォームとは、そのような体の使い方が最もスピードを出せる、運動力学的にも理にかなっているということであって、単に見た目のきれいさやバランスの良さをいってるわけではありません。例えば、自動車の形が美しく、エンジンにパワーがあっても、車軸が曲がっていては、車輪の回転も乱れ、車体がぐ

らついて、期待するほどのスピードは出せません。

　筆者はランニングフォームを速く走るために最も重要なものと考え、日々の指導でも多くの時間を費やしています。しかし、中・高校生においては、このフォームの指導やトレーニングがほとんどなされていないことが多いのです。

　「体形や骨格が違うのだから、フォームも違ってあたりまえ」とよくいわれま

正しい姿勢と腕振り

垂直

視線は 10 〜 15m ほど前方の地面へ

肩の力を抜く

こぶしは卵を握るように軽く

やや前傾

動画▶

す。それはそうなのですが、速く走るための基本原則、ランニングの技術を身につけたうえに"個性的な走り"と呼べるものが存在するのです。例えば、脚を運ぶたびに体の軸がぶれるようではスピードは出しにくく、そのぶれを修正するような無駄な動きをいちいちしていては、消耗してしまうでしょう。

　毎日のトレーニングでは、ランニングフォームが重要であるということを忘れずに、繰り返し取り組むようにしてください。正しいフォームがイメージできるように、本書に掲載した写真や、ほかの選手のフォームなどを見て勉強することを勧めます。そのうえで、自分のフォームを客観的に見て、比べて、改善してということを重ねて、あなた自身の理想のフォーム、走る技術を獲得してください。

正しい姿勢と腕振り

　脚を1歩前に出し、ひじを曲げた立ち姿勢で、正しい姿勢を確認しましょう。

体の軸は左右真ん中、地面と垂直で、やや前傾姿勢を保ちます。このまっすぐな軸を意識し、ふらつかないようにします。ひじは前に振るときも引くときも80〜90度くらい、後ろの脚のかかとを浮かせます。前傾姿勢を保つため、視線は10〜15mほど先の地面に向けます。

　この姿勢で腕振りを行います。走って進むためには、バランスを前へ前へともっていかなくてはならないので、体が後傾しないように、前に重心をかけていく姿勢で行います。10回振ったら、脚を前後に入れ替えます。仮に1歩を1mとすれば、3,000mでは3000回振ることになります。

　下にトレーニングの実施回数例を挙げます。できれば、週に1、2回行うことを勧めます。体に故障をかかえているときのトレーニング法としても適しています。

　仲間と向き合い、体の軸が垂直であるか、確認しながら行ってみてください。1人のときは、鏡を見て行います。

ペア腕振り

やや前傾

▶Training
腕振り10回で脚を入れ替える
300回×3〜5セット

向かい合い、相手の体の軸が垂直かどうかを正面から確認する。静止したとき、また腕を振ったときに、左右にぶれないようにしよう。

腕振りはひじで

その場での腕振り（20 ページ）に続いて、今度は歩きながら、正しい姿勢を確認していきましょう。

歩きにおいても、体のまっすぐな軸を意識し、前傾を保ちながら進むようにします。

腕は大きく、しっかりと振ります。前へ振るときは、あごまでこぶしを引きつ

け、引くときは体側より後方へこぶしを振り戻します。あくまでも、大げさにやることが重要です。腕をしっかり引くことで脚が前へと出て行き、推進力につながります。

体の軸がぶれる原因の多くが、この腕振りのアンバランスから生じます。腕は「ひじで振る」意識をもつことが大切です。手先やこぶしに意識が向くと、左右に振ってしまいがちです。左右とも、ひ

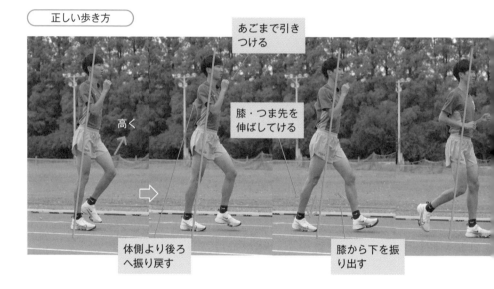

正しい歩き方

あごまで引きつける

膝・つま先を伸ばしてける

高く

体側より後ろへ振り戻す

膝から下を振り出す

接地でブレーキをかけない

歩きのときには、極端にかかとから接地してブレーキをかけないように注意します。そのためにも視線は、20 〜 30m 先の地面のあたりに向けるようにします。そうすることであごが引けて、後頭部が後ろへ下がりすぎるのを防ぎます。頭は最も重い部位です。その頭が後ろへ引けていては、前へ進む力が削がれることになります。

じを前後に直線的に振るのが望ましいです。脇を開いてしまうと、肩がローリングして体がねじれ、余分な力を使ってしまうので、脇は軽く締めるようにしましょう。

一方、脚の方は、膝もつま先も伸ばすようにして地面をけり、もう一方の脚は膝から下を振り出すようにして前進します。

トレーニングの目安としては、歩く（散歩）というより、早足程度のスピードで400〜1000mほど行います。立ち位置での腕振りから早足、走りへ（24ページ）とつなげるやりかたが行いやすいでしょう。

▶Training
400〜1000m

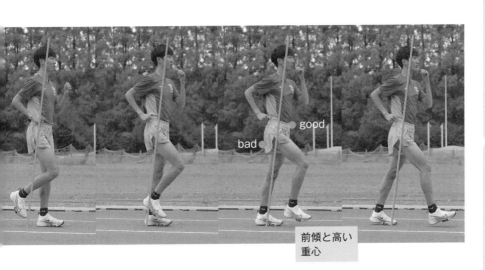

bad
good

前傾と高い重心

正しい接地

フラットに接地

その場での基本的なフォーム作り（20ページ）から、歩きの中での姿勢や腕振り、脚の動き（22ページ）へと進んできたので、ここではそれを走りへとつなげていきます。

静止している状態から歩き、走りへと動きが出てきてスピードが増すに従って、体が不安定になるので、腕振りや脚の接地なども意識しにくくなってきます。体の軸は前傾を保ち、スピードが上がるほど、つま先接地を意識します。

腕振りのポイントは、こぶしの位置が骨盤の腸骨の頂点あたり（腰の横で出っぱっているところ）をスイングするようにすることです。腕を胸のあたりに抱え込んだり、だらんと垂らしたりしないようにします。

正しいジョギング

腸骨の頂点のあたりをスイング

膝を伸ばす

まっすぐ接地

短距離のフォームをイメージ

100mなどの短距離走の選手の動きは、長距離走のフォームにおいても、とても参考になるものです。短距離走の選手は腕振りが大きく、膝も高く上がっていて、かかとが接地していません。

短距離走の選手ほどの動きの大きさは大げさにしても、長距離走においても、速く走ろうと思ったらそれがベストだといえます。

長距離走では、長く走る練習をしなければ、持久的なスタミナがつきません。短距離走では考えられないような60分とか90分とかの長時間、10kmとか20kmとかの長い距離を走ります。

長時間のランニングに持ちこたえるために、人間はどうしても楽な動きを求め

腰の位置を高く

　前方への体重移動をスムーズに行うために、また、スピードの切り替えを瞬時に行うために、腰の位置をつねに高くしておくことが重要です。

　そのためには、腰を後ろに引いて背中を丸めたりしないようにします。イスに腰かけているような姿勢にならないように注意しましょう。

　おへそを前方斜め上45度くらいに引っぱられているイメージを持って走ってみてください。おなかで腰を引き上げるような動きになるので、腹筋力が必要です。補強的なトレーニング（70ページ）で鍛えておくようにします。

▶Training
5〜8km

腰の位置を
高く

膝を伸ばす

腸骨の頂点
のあたりを
スイング

まっすぐ接地

てしまうので、腰を落とすラクなフォームになりがちです。

　腰を落とせば、長時間もつのですが、速く走るということに対して、これは非常にマイナスです。長く走るトレーニングは、持久力はつくのですが、フォームとしてはいい方向にいきにくいといえます。長距離走の練習は持久力を高めることが中心になってくるので、結果として

腰が引けやすくなってしまいます。短距離走者のようなフォームでは、長い時間もちません。

　しかしながら、短距離走者のようなフォームをもたせられる選手が結局は速いといえます。

互いに確認する

　前の選手の動きを見て、フォームを注意し合います。前の選手のいいところ、悪いところを意識しながら、自分のフォームに反映させます。

▶Training
　　　5〜8km

ジョギングの悪い例

腰が引けている。
腰は高い位置に保とう。

肩がローリングしている。
脇を軽く締めるようにしよう。

肩が上がっている。
肩はリラックスさせる。

腕が左右に開いている。こぶしでなく、ひじで振る意識で腕振りをしよう。

あごが上がっている。重い頭の重心が後方にいってしまい、前に進む力が弱くなる。

横を見ていて、肩がローリングしている。

脚が開いている。
力のベクトルが外に逃げていく。

左の写真同様に脚が開いている。

COLUMN

大迫傑という選手

　5,000m の日本記録とマラソンの前日本記録保持者で、2016 リオデジャネイロオリンピックと 2020 東京オリンピックの代表、全国高校駅伝と箱根駅伝で優勝するなど、数々の実績を残し、ルックスや独特の競技スタイルで多くのファンを魅了している「大迫傑」選手。私は彼を佐久長聖高校時代の３年間指導しました。

　大迫選手と私の出会いは彼が中学３年、全国中学陸上競技選手権大会の 3,000m 決勝のときです。小柄な大迫選手は苦しそうな表情で先頭に食らいつき、終盤その表情で先頭に立ち、前に出ました。「苦しくても前に出るんだ」と驚く私の前で、堂々の３位でフィニッシュ！粘りました。上位のなかで、私の目にはいちばん印象的な選手でした。

　ゴール後間も無く引き上げていく彼は、履いていたスパイクシューズを脱いだその手で壁に投げつけ、「ちくしょー」と叫んで悔しがったのです。周囲の目を気にすることなく、感情を爆発させたこの姿には驚きました。「この子だ！」私の直感が動き、すぐにスカウトしました。そして縁あって佐久長聖高校（長野）に進学してくれました。

　そんな大迫選手に、私は抜群のセンスを感じてはいませんでした。それまで指導した選手に佐藤清治、佐藤悠基など、素質という点では上回る選手がいたからです。他の選手と違う彼の魅力は「負けず嫌い」と「自然体で取り組む」点でした。究極の負けず嫌いの彼は、練習でも試合でも私生活でも常に１番を目指し、それを好みました。１番こそが自分らしさで、「絶対に負けたくない」は彼の信条であり強みです。

　そして現在の彼が時々口にする「シンプル」という自然体の取り組み。彼は物事に案外、強いこだわりを持っていません。多くの長距離選手は一つ一つのことに対して、比較的強いこだわりを持ちます。それは良いことだと私は思いますが、大迫選手は「こだわらない」ことに良さを見い出しています。練習も食事も、シューズもマッサージも、「こうでなければいけない」という強いこだわりは持たずに、「シンプル」に競技をしています。こだわりを持って追求していくことが合っている選手もいます。もちろん良いことです。大迫選手のように自然体で取り組んでいることも良いことです。

　つまり、選手は自分の個性や個人差を理解して、自分にベストな競技スタイルで勝負することの大切さを大迫選手は教えてくれています。彼がそうした自分を確立して、結果に結びつけた成長過程には、多くの人の支えや指導、応援があり、そうした人への感謝ができたからこそ、人々が憧れる選手になれたのです。

　彼にしかできないことを頑張り続け、周囲に感謝することで、これからも「大迫傑」らしく、多くのファンを魅了し続けることでしょう。

第 59 回全国高校駅伝
佐久長聖高校優勝、
大迫傑がゴール！

© 陸上競技マガジン

2016 年リオデジャネイロ
オリンピックでは 5,000m
（写真）と 10,000m に出場。

© Photo by Ian Walton/
Getty Images

PART2

トレーニングの 方法

トレーニングの目的、
スプリントトレーニングドリルや
ハードルドリルの実戦のしかた、
各種目のトレーニングの
ポイントを解説します。

トレーニングの目的

トレーニングの目的は、現在の競技レベルを確実に向上させることにあります。中長距離走の選手の場合は、体力、筋力、メンタル、調整力、柔軟性、回復力などを向上させることがその目的となり、日々様々な形で行われるトレーニングは、そのいずれかに当てはまらなくてはいけません。

向上させていくもの

中長距離走のトレーニングは、次のような構成になります。

①体力の強化

主に有酸素運動的な要素を多く含む、走り込みなどの距離を伸ばす練習

中長距離走における体力（スタミナ）強化は、主に有酸素運動的な能力を高めることにあります。

有酸素運動とは、一定時間以上、同じ強度（低・中強度）の運動を続ける場合のエネルギー生成で酸素を消費する運動のことです。エネルギー源は、脂質（筋肉内の中性脂肪と血液内の遊離脂肪酸）と糖質（血液、筋肉、肝臓内に貯蔵されたグリコーゲン）になります。

トレーニングとしては、ゆっくり長時間走るといった比較的距離の長い運動で、一般的な心拍数の目安としては、中・高校生であれば 120 〜 140 拍／分程度の運動強度です。

②筋力の強化

主に無酸素運動的要素を多く含む、スピード練習など

中長距離走での高度なパフォーマンスには、スタミナとスピードの融合が必要です。高い走スピードが求められる800m はもちろんですが、1,500m 以上の距離でもラストスパートなどの場面では、無酸素運動的な要素が高まります。

無酸素運動とは、短時間かつ高強度の運動で、酸素を使わずに、CP（クレアチン燐酸）の分解、および筋肉中のグリコーゲンを解糖することによってエネルギーを得る運動です。100m 走の選手が呼吸をほとんど必要とせずに走りきるという話をよく聞きますが、まさに短距離走などの短時間かつ高強度の運動がこれにあたり、ほとんど酸素を必要としないエネルギー生成の運動なのです。

ここで有酸素運動と無酸素運動のエネルギー代謝システムについて触れておきましょう。筋肉は、筋肉中の ATP（アデノシン三燐酸）が、P（燐酸）を放出して ADP（アデノシン二燐酸）に分解されるときに発生するエネルギーよってのみ動かすことができます。

しかし ATP の量には限りがあり、運動を続けるためには ADP から ATP を再合成しなければなりません。エネルギー

の合成システム（ATPの再合成）をわかりやすいように表にしました。3種類の合成システム（表の「エネルギーの供給」の欄）は、必要に応じて（運動の強度・時間によって）主となるシステムと使われる割合が変わり、どれか一つだけが使われているわけではありません。

③メンタルの強化

忍耐力に加えて集中力やリラクゼーション力の強化なども必要

　スポーツは全般的に「心・技・体」を鍛えることが重要だということはだれしも理解できるところでしょう。特に長時間、肉体的な苦痛に耐えなければいけない中長距離走は並大抵の忍耐力ではつとまりません。「心」を鍛えるトレーニング、それがメンタルトレーニングです。

　中長距離走に必要なメンタル力は、忍耐力が主なものですが、他には集中力、緊張やプレッシャーを克服するリラクゼーション力、勝利を想像するイメージトレーニング（力）、気持ちを盛り上げるサイキングアップ、プラス思考に転じるポジティブシンキングなどが挙げられます。ここではそれらを説明するスペースはありませんので、こうした心を鍛えることが能力を発揮するうえで重要であるというにとどめておきます。

④調整力の強化

試合に合わせてトレーニング量や質を変え、生活リズムにも気を配る

　ここで言う「調整力」とは、試合に合わせる能力のことです。練習には強いが試合には弱いというパターンの中長距離

運動のエネルギー代謝システム

運動強度	運動時間	エネルギーの供給		エネルギー源とその特徴
低	長	有酸素運動	有酸素的エネルギー供給機構（酸化系、TCA回路系）	グリコーゲンや脂肪が乳酸に分解される過程で生じるピルビン酸が、酸素によって二酸化炭素と水に分解されるときに生じるエネルギー
				ADP（アデノシン二燐酸）再合成に時間がかかり、発揮できる力は小さいが、酸素とグリコーゲンや脂肪が供給される限り持続できる
		無酸素運動	無酸素的エネルギー供給機構—乳酸系（解糖系）	グリコーゲンを、酸素を使わずに乳酸に分解するときに発生するエネルギー
				ATP-CP系に次いで短い時間で大きな力を発揮するが、筋肉内に一定のレベル以上の乳酸が蓄積されるとATP再合成能力は低下し、持続時間は短い
高	短		無酸素的エネルギー供給機構—非乳酸系（ATP-CP系）	CP（クレアチン燐酸）が放出したP（燐酸）とADPによるATP（アデノシン三燐酸）の再合成
				短時間で大量のADPが再合成されるため、大きな力が発揮できるが、CP貯蔵量には限りがあり、持続時間は非常に短いが回復力は速い

走の選手をよく見かけます。せっかくの
トレーニングも試合でその力が発揮され
てこその意味のあるものです。

　なぜ、試合には弱いなどということが
起こるのでしょうか。多くの場合、その
要因は調整期においての練習のやり過ぎ
にあります。レースに対しての本格的な
調整には、「ここから」という明確な定
義はありません。調整で重要なのは、き
ちんと練習量を落として、疲労の蓄積を
避けることです。ここで、先ほどのATP
再合成システムを思い出してください。
有酸素運動は回復が遅く、無酸素運動は
回復が早いという結果です。つまり調整
期では、走る距離（量）を減らして、走
る速さ（質）を上げていくことで、疲労
を残さず、より実践的なペースで練習が
行えるということです。

　ただし、質の高い練習もやり過ぎは禁
物です。回復時間には特に慎重であり
たいものです。レースに向けて練習の量を
減らし、練習の質を上げる期間は３週間
から２週間とりましょう、１週間では短
すぎて、かえって疲労が出過ぎて抜けな
い場合もあります。疲労した状態でレー
スを迎えないためにも、最低２週間は調
整が必要でしょう。

　また、単に練習量を落とすことだけが
調整ではありません。見落としがちなの
が、「生活のリズム」が確立できている
かどうかです。睡眠時間の確保や、食事
のバランスが特に重要で、休養や栄養と
いった基本的な取り組みができていなけ
れば、単に練習量を調整しただけでは調
子は上向きにはなりません。特に調整期
に入ったら、レースでのエネルギーを蓄
える発想で行動したいものです。

⑤柔軟性の強化

筋肉や関節、靭帯、特に股関節周りの柔
軟性が故障のリスクを下げ、またスピー
ドアップにも重要

　中長距離選手に必要な体の柔軟性とは
何でしょう。体操競技の選手のような体
の柔軟性が、中長距離選手に必要なわけ
ではありません。柔軟性とは筋肉、関節、
靭帯の柔らかさ指します。

　中長距離選手にとっての柔軟性の必要
性は次の２点です。１点目は、故障の予
防です。走るという動作は、単調で同じ
動きを繰り返すことから、同一個所に同
一の刺激が長時間繰り返されます。この
ことは同じ場所にストレスをかけ続ける
ということですから、故障の起因となり
かねません。筋肉、関節、靭帯はそのス
トレスを軽減する役割も担っています。
その役割を十分に果たすために、柔軟性
は不可欠です。関節が錆び付いたように
固くては、受ける衝撃を軽減できません。
体の柔軟性が高いということは受ける衝
撃が軽減されるということです。

　２点目は、速く走るのにも柔軟性は必
要だということです。走るスピードは
ピッチ×ストライドです。体の柔軟性は、
脚を速く動かすピッチにも、スムーズな
一歩を獲得するストライドにも関係しま
す。特に股関節周りの柔軟性は、脚を速
くスムーズに動かすうえで重要です。た
だし、トレーニングの全身性を考えれば、
体全体に柔軟性があるほうがいいでしょ
う。この２点を理解したうえで、本書に
記されている、ストレッチングやドリル
に取り組みましょう。

⑥回復力の強化

疲労の度合いなど休養をとる基準を明確にし、十分な回復を図る

　強くなるうえで体を「回復させる」ということは、とても重要です。日本人は勤勉な国民性から、この「休む」という"トレーニング"が非常に下手な民族です。そう、回復、休養、休むこともトレーニングなのです。

　競技者も指導者も、休養に関してのトレーニングをおろそかにしがちです。単に練習が休み、今日は REST というだけで、その中身の指導はほとんどなされていません。筆者が指導した選手に「休養の取り方を見直したらどうか」という投げかけをして、パフォーマンスを飛躍的に向上できた選手がいます。

　間違った休養の取り方としては、主に次の2つのタイプが挙げられます。1つ目は、休養であるのに練習をしてしまうタイプです。休養の中味も様々で、軽い練習である場合もあれば、完全休養ということもあります。いずれの場合も、そ

の目的を十分に理解できているか、休養の基準は何になっているのか、ということがあります。特に結果を出そうと焦っている状態だと、体は疲労しているのに、「1日休んだから十分だ」というあいまいな基準で判断してしまいがちです。休養の必要性の目安を何にしているのかが重要です。

　2つ目は、休養であるのに他のことに夢中になり、体が休まっていないタイプです。例えば、完全休養日を短絡的に「遊ぶ日」と結び付けている例です。体はトレーニングで疲労しているのに、遊びに夢中になって一日中出かけていて、疲れが抜けない状態、経験がある人が多いのではないでしょうか。遊びもストレス発散には効果的です。心がリフレッシュする部分もあります。しかし疲れが増したり、トレーニングの疲労を抜くという目的から外れたりした行動では意味がありません。遊びはほどほどのところで切り上げる習慣を身につけ、"深み"にはまらないことが競技者であるならば重要です。

◯ 疲労度合いをチェックする方法

☐ 練習に対する意欲	一般的に疲労が蓄積すると意欲が低下する
☐ 主観的疲労度を常にチェック	疲労度（例えば1〜5の5段階）を練習日誌に記す習慣
☐ 食欲	一般的に疲労しきっていると食欲が低下する
☐ 体重の変化	疲れていると体重が減少傾向になりやすい
☐ 脈拍の変化	平常時脈拍より早くなりやすい
☐ 尿や便の変化	尿の色が黄色く、便が柔らかくなりやすい
☐ 血液検査による変化	各検査項目が正常値を外れる
☐ 瞳孔の反応による検査	専門の機械を用いる
☐ 副交感神経と自律神経の検査	専門の機械を用いる

スプリントトレーニングドリル

ランニングフォームを正し、筋力や柔軟性を向上させるドリルです。ジョギングがメニューの中心の日に、積極的に行うことを勧めます。この後に続く「ハードルドリル」も同様に、フォーム作りを主な目的としたドリルです。併せて行いましょう。ラニニングフォームに「こうでなければならない」という決まった形はありませんが、無駄がなく、軸のぶれない、バランスのよいフォームを作ることは大切です。

　基礎的な技術練習としてランニングフォーム作りのドリルを5つ紹介します。

❶けり上げ　❷ハイニー

❸ストライディング
❹バウンディング
❺ヒップツイスト

（けり上げ：ウォーク）

前方を見る

かかとでおしりをたたく

かかとを接地しない

下を見ないようにする

脚（膝）を開かない

❶〜❸は脚のさばきを3つに分解し、動きを大きく強調して行うことで、実際のランニングフォームに反映させやすくするもので、スムーズな動作を生み出します。

❹は筋力や関節、バランスの強化を目的として、体に大きな負荷をかけるものです。

❺は骨盤の旋回をスムーズにし、拇指球に体重をのせていくものでストライドの確保と推進力の向上を目的としています。

これらのドリルには、「つま先接地（支持）」という共通点があります。大切なことは、つ

写真左：下を向いている悪い例。腰を引かないためにも、目線を下に落としすぎないことが大切。
写真右：脚（膝）が開いてしまっている悪い例。

動画▶

ま先できちんと地面をとらえて、不安定な状態にならないようにして軸を作ることです。

　筆者はとくに中距離走においては、つま先接地（トゥストライク走法）を身につけることが最も重要だと考えています。つま先接地の選手は、接地時のブレーキを最小限に抑えられ、軸が前傾するこ

とから、次への動作の導入が早く、スムーズに加速できます。

　トゥストライク走法はスピードが出やすい一方、足首など各関節に負担をかけます。これらのドリルは、その強化も兼ねています。また、バネの強化、柔軟性とバランスの向上など、長距離走においても身につけたい要素を含んでいます。

けり上げ

　脚のけり上げが大きいと、大きなストライドが確保できます。「けり上げ」ドリルはこの動きを取り入れやすくし、またけり上げに必要なハムストリングの筋力強化を目的とするドリルです。ポイン

トは、かかとをおしりに引きつけポンポンと叩くことです。つま先で接地し、かかとは着けません。ウォーク、スキップ、連続というように、動きを変えて習得します（実施回数は 39 ページ参照）。

けり上げ：スキップ

けり上げ：連続

ハイニー

「ハイニー」は膝を高く上げ、1長足ずつ前進するものです。膝の高さと、足首のリラックスがポイントです。つま先で接地し、かかとは接地しないで進みます。脚とタイミングを合わせて、腕をしっかり振ります。「けり上げ」と同様に、目線を下に向けると腰が引けるので、前方を見るようにします（実施回数は39ページを参照）。

ハイニー：スキップ

目線を下に
向けない

かかとを
接地しない

写真左：目線を下に向けないこと。腰が引け、膝も上がりにくくなる。
写真右：かかとを接地しないこと。腰が反り、軸がまっすぐに通っていない悪い例。

ハイニー：スキップ／連続

ウオークでしっかり動きをつくり、スキップ（写真）、連続へとすばやい動きに切り替えていく。

ストライディング

　ストライドを確保することを目的としています。膝を上げて、しっかり前にけり出すことを意識します。下り坂で行うといいでしょう。ボールをけるような動きではなく、膝を高く上げることがポイントです。

足先でボールをけるような動きは誤り。脚を振り上げる段階から、膝が伸びてしまっている。もも上げをしてから、脚を振り出すようにしよう。

連続（写真）では、前へけり出しながら、ストライドを大きく伸ばして前方へ進む。基本的に平地でいいが、もし下りの傾斜地が身近にあれば、より大きな負荷かかかり、トレーニング効果が高まるのでお勧めだ。

バウンディング

膝の振り上げを使い、バネを使って高く跳びながら進みます。上体はリラックスさせ、腕振りでバランスをとります。足腰への負荷が大きい動きで、瞬発力を高めます。膝が鋭角的に高く上がっていて、後ろの膝がまっすぐに伸びていることが大事です。30m できないときは、10m から徐々に伸ばしていきましょう。

ヒップツイスト

ヒップツイストの目的は2つあります。ランニングをしていると、脚が右、左と前に出ていきますが、そのときに骨盤が若干回旋します。その動きをスムーズにして、ストライドを確保することが1つ目の目的になります。いってみれば、腰周り、股関節周りの筋肉の、ストレッチの役割をするドリルです。例えば1cm、腰がスムーズに回旋すると、×3000 歩では、それなりの距離になってきます。また、さびた蝶番を動かすような余分な力も必要なくなるので、ストライドを確保できるようになります。

2つ目は、つま先を内側に向けるような動きを多少なりとも身につけるほうがいいので、このような膝が内側に入るよう動きを行うということです。日本人には O 脚が多く、つま先が外に向きがちです。これは、拇指球に体重がのりにくいということです。足の裏で地面をけるときに、いちばん力が入るのは親指です。そこに体重をのせていくことで大きな推進力が生まれますが、O 脚では足先が外に開いてしまっているため、どうしても小指の方向に重心がいきやすくなります。このドリルで親指に重心をのせる動きを身につけます。

*

以上のドリルにに共通しているのは、かかとをつけずに、つま先でさばいていくことです。また、腰を引かないためにも、目線を下に落とし過ぎないようにしましょう。そして、大きな、ぶれないフォームを作っていってください。

バウンディング　膝がまっすぐに伸びている　鋭角的に高く上げる

スプリントトレーニングドリルの実施例

	ウォーク	スキップ	連続	場所		
				平地	傾斜地 上り	傾斜地 下り
けり上げ	30m × 3	40m × 3	50m × 3	○	○	
ハイニー	30m × 3	40m × 3	50m × 3	○	○	
ストライディング	30m × 3	40m × 3	50m × 3	○		○
バウンディング			30〜50m×3	○	○	
ヒップツイスト			20m × 3	○		

ヒップツイスト

写真左：ヒップツイストでは、つま先を内側に向け、クロスするように前に出していく。骨盤を左右にツイストし、腕を振ってバランスをとり、前の脚の拇指球にしっかり体重をのせる。
写真下：バウンディングは上り坂に向かって行うと、より負荷が高まり、効果が大きい。

ハードルドリル

「スプリントトレーニングドリル」（34 ページ）に続いて、股関節の柔軟性や筋力、バネの力などを向上させ、ランニングフォームを正すドリルを紹介します。身近にあるハードルを活用しましょう。股関節のストレッチを行ってから始めます。

ハードルドリルの目的の一つは、股関節周りの可動域を広げることにあります。脚を動かすための関節はいくつもありますが、その最も大きな関節が股関節です。この関節の動きのよさ、柔軟性がスムーズなストライドの確保につながります。「速度＝ピッチ×ストライド」ですから、スムーズなストライドを確保するということは、結局は速さにつながります。

股関節周りの柔軟性はまた、速く走るうえでも重要です。股関節が硬いことを自転車に例えれば、車輪がさびついてギシギシと音がする自転車をこぐようなもので、スピードは出ません。油をさして、回転がなめらかになれば、スピードは上がります。

また、ハードルドリルではつま先を使う動きが強調されることから、自然につま先を意識した動きになります。体幹軸がぐらつかないように、上手にバランスをとりながら、つま先に重心を乗せ、かかとをつかずに行います。

さらに、ハードルを越える動作からはジャンプ系の動きが生まれ、筋力アップやバネの強化につながります。

各動作とも不安定になりやすいので、きちんとバランスをとり、軸を作ることが大切です。

ハードルは身近な用具ですし、準備も後かたづけも、仲間と行えばあっという間にできます。互いの動きを見ながら行うのも重要な練習法ですから、ぜひ、ハードルドリルを練習計画に組み込んでください。

動画▶

ストレッチ：股関節

ハードルドリルを始める前に、股関節のストレッチを行いましょう。股関節は動く範囲が基本的に決まっているので、その範囲内でスムーズに動くようにしていきます。ここでは主に立位で、ペアで行うストレッチを紹介します。

ストレッチ：股関節

立位で片膝を抱え、胸に引き寄せる。

パートナーに足を持ってもらい、向き（正面、横、後ろ）を変えながら、上半身を前屈（後屈）する。

正面

横

後ろ

抜き脚

　ハードルの横を歩きながら、抜き脚だけがハードルをまたぐようにします。脚を抜くときは、内もも、内ふくらはぎが地面と平行になるようにしてください。

▶Setting & Training
ハードル間＝ハードルの脚の長さ
8台×3

（ 抜き脚 ）

（ 抜き脚：連続 ）

またぎ越し

ハードルをまたぎながら前に進みます。リード脚をまっすぐに引き上げ、抜き脚は膝でリードして1歩目を大きく踏み出します。後ろ方向にも進み、またハードル間を狭くしても行いましょう。

▶Setting & Training
ハードル間＝ハードルの脚の長さ×2
→ハードルの脚の長さ
8台×3

またぎ越し：前へ

またぎ越し：後ろへ

前に進むときも後ろに進むときも、体の中心軸をまっすぐに、両腕を水平に保って行う。

横抜き

ハードルの横を歩きながら、抜き脚だけがハードルをまたぐようにします。脚を抜くときは、内もも、内ふくらはぎが地面と平行になるようにしてください。

横抜き：膝曲げ／連続

横抜き：膝伸ばし／連続

横抜き：左右

進行方向にハードル2つ分進み、1つ戻ってまた2つ進む。膝を曲げたり伸ばしたり、また進行方向を変えたりしながら、いろいろな筋肉を刺激して鍛えよう。

▶Setting & Training
ハードル間＝ハードルの脚の長さ×2
→ハードルの脚の長さ
8台×3

ジャンプ

　両脚で連続してジャンプし、ハードルを越えます。ポイントは、かかとをつけないで、つま先で着地し、各関節をしっかりと曲げ伸ばしして、全身で跳ぶことです。体のぐらつきをなくして、連続して跳びます。中心軸がぶれていると、高くは跳べません。自分の跳躍力に合った高さからはじめ、徐々に高くしていきましょう。

　とくに脚力を強化するには重要なドリルです。長距離選手にはジャンプ力が不足している傾向が多くみられるので、とくに3,000m障害の選手は、この動きがしっかりできるようにしておく必要があります。また、ラストスパートなどの場面で発揮される力にもつながるので、中長距離走の選手には積極的にやってほしいトレーニングの一つです。

▶Setting & Training
ハードル間＝ハードルの脚の長さ×2
→ハードルの脚の長さ
8台×3

ジャンプ

体が進行方向に対して斜めになり、両脚を均等に使えていない悪い例。脚力を強化する動きになりにくい。

トレーニングの方法

中長距離の具体的なトレーニング方法を紹介します。実施の距離やセット数、設定タイムも適宜載せるようにしましたが、目安ですから、自身のレベルに合わせて調整しましょう。これらのトレーニング方法を取り入れた計画の立て方は、PART 3（99ページ）に掲載しています。

ジョギング

ジョギングは多くの場面で用いられるトレーニング方法です。その実践のしかたは、目的によって多様化しています。距離やスピード、動きは実施する環境や体調などによっても変えて行われます。

ジョギングは全てのトレーニングの基本となるものですから、つねに正しいフォームを意識して行いましょう。リラックスして走るときも、フォームを崩さないようにします。ペースの目安としては、中・高校生の場合、4〜5分/km程度ということになります。

ジョギングの目的

主練習…………	軽度のトレーニング
補助的練習……	朝練習や主練習のつなぎ、故障中の練習、移動
ウォーミングアップ	
クーリングダウン	

＊目的によって距離や速度、動きを変えて行う。

▶Setting & Training
中学生　30分 (6km) 〜50分 (10km)
　　　　ペース 4'45"〜4'15"/km
高校生　40分 (8km) 〜70分 (19km)
　　　　ペース 4'30"〜4'00"/km

ペースランニング

　「ペースランニング」は、一定のペースを保って、比較的長い距離を走るトレーニング方法です。競技場やクロスカントリーコース、公園など、距離が確認できるコースで、ペースを管理しながら行います。

　ランニングでは、徐々にスピードを上げていくと、あるポイントから代謝産物である乳酸が蓄積されはじめ、苦しさが突然増すように感じます。このポイントを AT（無酸素作業閾値）といいます。

　この AT にあたる速度の持久走を繰り返して、乳酸が蓄積されるポイントを遅らせるようにすること、つまり代謝産物による筋活動へのマイナスの影響を受ける時点を遅らせることで、より速いスピードで走ることができるようにするのが、このトレーニング方法の目的です。

　下に挙げた設定タイムは一般的なもので、実際には個人差が大きいですから、無理をせず、自身に合ったペースで行なうようにしましょう。

グループ走（2列）でのペースランニング。

ペースランニングの設定タイム（5,000m）

5,000m の 自己記録 ＼ ペースランニング の距離	8,000m	10,000m	12,000m	16,000m
14'20"	3'10"/km	3'15"/km	3'20"/km	3'25"/km
14'40"	3'15"/km	3'20"/km	3'25"/km	3'30"/km
15'00"	3'20"/km	3'25"/km	3'30"/km	3'40"/km
15'30"	3'25"/km	3'30"/km	3'40"/km	3'50"/km
16'00"	3'30"/km	3'40"/km	3'50"/km	4'00"/km
16'30"	3'35"/km	3'45"/km	3'55"/km	4'10"/km

インターバルトレーニング

　「インターバルトレーニング」は、一定のインターバル（距離）をリカバリー（休息：ジョギングなど）にあてながら、繰り返しトレーニングを行う方法です。運動強度が高く、スピードやスタミナなど、幅広い能力を養うことができます。

　リカバリーは、心拍数をめやすにして行うようにします。一般的にインターバルトレーニングでは、中・高校生の場合、心拍数が最も高いときで180〜190／分になります。リカバリーのジョギングでは、この値を120〜140／分にすると、トレーニング効果が上がります。現

在、トレーニングをしながらでも、簡単で正確に心拍数が計れる時計があります。これを活用してみるのもいいでしょう。

　写真は、グループ走でのリカバリートレーニングです。リカバリーのときに、最後尾を走っていた選手が先頭に出て走ります。交替で他の選手をリードするような形で、ポジションを変えながら行うと、集団のトレーニングにおいて偏りが出ません。ライバルを抜いて先頭に立つというような、実戦的なイメージのトレーニングでもあります。

インターバルトレーニングの設定タイム

種別		スプリントインターバル			ロングインターバル
インターバルトレーニングの距離		200m×10〜20 (r=100m)	300m×10〜15 (r=100〜200m)	400m×10〜12 (r=200m)	1000m×5〜7 (r=400〜600m)
3000mの自己記録	5000mの自己記録				
8'36"	14'20"	30"〜32"	48"〜50"	66"〜68"	2'50"〜2'55"
8'48"	14'40"	32"〜34"	50"〜52"	68"〜70"	2'55"〜3'
9'00"	15'00"	34"〜36"	52"〜54"	70"〜72"	3'〜3'05"
9'18"	15'30"	36"〜38"	54"〜56"	72"〜74"	3'05"〜3'10"
9'26"	16'00"	38"〜40"	56"〜58"	74"〜76"	3'10"〜3'15"
9'46"	16'30"	40"〜42"	58"〜60"	76"〜78"	3'15"〜3'20"

スピードプレー（変化走）

「スピードプレー」は、一定の距離もしくは時間を決めて、その決められた間はできる限りペースを上げて走るトレーニング方法です。変化走ともいいます。インターバルトレーニングと同様に、最大酸素摂取量の増加が期待できます。例えば、次のように行います。

＊

1周600mの公園道路に100m間隔で目印をつけて、1周につき3回ペースを上げて走ります。それを10周繰り返します。

山道のクロスカントリーコースで、3分ごとに腕時計のアラームが鳴るようにセットして走ります。アラームが鳴ったところで3分間、ペースを上げて走ります。そのようにして60分間走ります。

レペティショントレーニング

「レペティショントレーニング」は、いく通りもの距離を、完全休息などをはさんで繰り返す（レペティション）ものです。回復力を高め、酸素の消費量を軽減する能力もアップする、無酸素運動的要素の強いトレーニング方法です。

例えば、1,500m走では1日のうちに予選、決勝が行われることがあり、予選終了後、決勝に向けて回復できる能力を養っておく必要があります、そのようなトレーニングにも適しています。全力で行うトレーニングであるため、タイムの設定はとくにありません。ただし、体への負担が非常に大きいトレーニングですから、中・高校生の場合は、トレーニングの頻度はできるだけ少ないほうが望ましいです。休息時間はあくまで一般的な目安です。心拍数を用いて、安静時心拍数に戻してから次を行う方法もいいでしょう。

レペティショントレーニングの例

トレーニング例と休息時間	ハイペースレペティション	レースペースレペティション		
	400m×10 間5分 1000m×5 間5分	2000m×3 間5分	2000m+1500m +1000m 間10分	3000m+2000m +1000 間15分

タイムトライアル

「タイムトライアル」は、中・高校生であれば、800m、1,500m、3,000m、5,000mを1人もしくは数人で、1本に全力で集中して行います。記録会などへの参加に替えることもできますが、記録会では駆け引きが生じがちです。タイムトライアルでは、思い切って走ることができるので、スタートから積極的にペースを上げていってください。

ビルドアップラン

「ビルドアップラン」は、決められた距離のスタートからゴールに向かって、徐々にスピードアップしていくものです。後半のペースアップにはスタミナが必要なので、長距離走の能力を高めるのに適したトレーニング方法です。実践に近いトレーニングもできるので、レースのラストでの勝負強さを培うこともできます。

ペースアップの方法としては、400mのトラックを1周ごと平均的になめらかに上げていくのが一般的です。下表の「中学生男子」の4,000mビルドアップ走を例にとると、3分30秒/kmは、400mあたり84秒になります。これを3分00秒/kmまで上げるいうことは、400mあたり72秒まで上げることになります。

4,000mの中で400mあたり12秒上げていくことになります。そうすると、トラック10周ですから10周で12秒上げていくことになるので、1周あたり1.2秒上げていくようなやり方です。

例えば1,000mずつ階段的に上げる方法もあります。1,000mまでは一定のペースで、1,000mを過ぎたら一気に上げるというやり方です。

自身の能力や強化したいことなどによって変化させます。ポイントは、ゴールに向かって確実にペースアップすることです。途中でペースが落ちないように注意しましょう。

インターバルトレーニングの設定タイム

		中学生男子		高校生男子
4,000m		3'30"〜3'00"/km		3'20"〜2'50"/km
6,000m		3'40"〜3'10"/km		3'30"〜3'00"/km
8,000m		3'50"〜3'20"/km		3'40"〜3'10"/km
10,000m				3'30"〜3'00"/km
12,000m				3'40"〜3'10"/km
16,000m				3'50"〜3'20"/km

■ 中距離
■ 長距離

ヒルトレーニング

決められた時間や距離の中で、ペースを自在にコントロールし、レース中の揺さぶりや、瞬時のスパートに対応できる能力を養うトレーニング方法です。

日本では、公園や山道などの緩い傾斜地を全力で駆け上がり、その下り坂をリカバリー（休息）のジョギングなどでつなぐ練習として知られています。一般的には、地形を利用して自由にペースの上げ下げを行う、比較的タフで激しい練習のことを指します。

傾斜地で行うインターバルトレーニングのようなものとしてとらえて、具体的には 400 〜 800 m くらいの緩い傾斜地（スピードを上げられる傾斜角の路面で、芝や土がよい）を往復しながら、5 〜 10 本を繰り返します。また、傾斜地と平坦地が連続しているような山道があれば、その上り坂を全力で走り、平坦地をリカバリージョグにあてるのもいい練習になります。

上り坂を全力で駆け上がる要素を多く取り入れることにより、強負荷のトレーニングとなります。

LSD

「ロングスローディスタンス」（Long-Slow-Distance）は、ゆっくり長く走るトレーニング方法です。

エネルギー系統は脂肪燃焼系の有酸素運動となるので、最大酸素摂取量の増加や AT 能力の向上が期待できます。運動強度は高くありませんが、長時間に及ぶトレーニングであるため、十分なエネルギー摂取が必要となります。長時間、有酸素運動を行うことで、毛細血管の発達が促進され、持久力が高まるといわれています。

ペース及び時間は 106・107 ページを参照してください。

クロスカントリートレーニング

丘や森の小道など自然環境の中で行なうトレーニングです。自然環境を模して作られたロードで行うこともあります。足腰を鍛え、心肺能力を向上させるなど、身体発達に大きな効果をもたらし、平坦地でのレース能力を高めます。

欧米諸国やアフリカではクロスカントリーのトレーニング環境があたりまえとなっていて、大会も盛んに開かれます。日本はこの分野で遅れをとっていて、「世界クロスカントリー大会」のジュニアの部に選抜した高校生を派遣するものの、外国勢との力の差が大きいのが現状です。

ペース及び時間は 106・107 ページを参照してください。

スタートダッシュ

「スタートダッシュ」は、ウォーミングアップやジョギングの後の動きをよくするものとして採り入れます。

中距離走などは、ラストスパートの最後のところで、自己の最大スピードに切り替えなければならないため、体がそのような対応ができるようにするトレーニングになります。

スタンディングスタートの場合は、しっかりと重心を前にのせてスタートするために、つま先立ちをして、体を前に倒しながら第1歩目を踏み込んで、前傾で重心を前にしたまま、進んでいきます。

クラウチングスタイルのスタートダッシュは、体の反応をよくするためのトレーニングです。自分がパッと前へ出ようと思ったときに、すっと1歩目が踏み出せるようにするために、特に全身を使って、腕振りで1歩目をもっていきます。腕をかまえて、強く腕を後ろに振り上げて、そして1歩目を鋭く踏み出す、そういう反応の良さを養います。

写真はどちらも50mのスタートダッシュで、25mまでは前傾しています。スピードが上がるほど、その抗力で体が後ろにもっていかれますが、そうならないために、つねにしっかりと進んでいる方向に重心がかかっていく習慣をつけていきます。

スタンディングスタートダッシュ

クラウチングスタートダッシュ

坂ダッシュ

「坂ダッシュ」は、傾斜地や坂道などを利用したトレーニング方法です。「スタートダッシュ」の負荷を大きくして、脚力をアップすることがねらいです。平らなところばかりでなく、傾斜を利用してスタートダッシュをしましょう。

写真では、3人1組で横1列に並び、競い合うようにダッシュしています。また、1列がスタートすると、あまり間を置かずに、次の1列がスターします。トレーニングでは、競い合いながらやることも大事です。「ウインドスプリント」（54ページ）などは1人で行うのもいいですが、かなりスピードを上げて行うダッシュ系などは、できれば複数で行う

ほうがいいといえます。より速いスピードを出そうと思ったときに、相手と競いながら走ることができます。

トレーニング内容によって、変化させながら行うのがいいでしょう。全てを集団でやるものでもないし、全部を1人でやっていたら、クラブ活動など集団の活動でやっている意味がありません。集団活動には、競える利点があります。写真のように、隣どうしと競い、同時に前の選手を追うようなトレーニングのしかたも大事になってきます。

坂スタンディングスタートダッシュ

ウインドスプリント

「ウインドスプリント」は、主にジョギングなどの練習の後の、動きを矯正する意味でのトレーニングとして用いられることが多く、解釈のしかたや言葉の意味も含めて、非常に幅広いトレーニング方法といえます。ウインドスプリントも含めて、流し、快調走、慣性走など、呼び名は様々です。

一般的に、100mから300mくらいの距離で、だいたいそれぞれの距離の3分の1程度が加速区間（加速走）になり、残りの3分の2がいわゆる慣性走になり

ます。

よく行われている練習方法としては、写真にあるような150m走のウインドスプリントで、コーナーの頂点から徐々に加速をしていって、直送路に入ったところで慣性走を始めるというようにすると、感覚的にも非常に取り込みやすいものとなります。これをだいたい3～6本程度、距離に応じて繰り返します。間をつなぐ距離はウインドスプリントで、リカバリーとして行います。

朝練習

多くの長距離選手が朝練習をやっています。この目的はたくさんあります。一つは補足的な練習であり、例えば、夕方の時間に行事などが入っていて、練習ができないというときには、主練習ともなります。朝という時間帯は、人の活動においては、あまり予定の入らないときです。そこにトレーニングを組み込むことで、継続性のある練習ができます。

トレーニングにおいては、原則として、身につきやすい順番というものがあります。柔軟性、次に筋力、そしてスピード、さらに持久力という順になります。衰えやすい順番は逆で、持久力から衰えていきます。ですから、持久力のトレーニングは継続して行うことが重要です。朝は継続するということにおいては、非常に有効な時間帯です。

朝練習には、当然、リスクもあります。つい数分前まで眠っていたところを、いきなり走りはじめるわけですから、無理な練習は避けるほうがいいということはあります。

朝練習は、最後に食事をとってから、かなり時間が経過したところで始めることになります。午後7時に夕食をとったとしても、午前6時から始めるとすれば、11時間、間が空いています。かなり血糖値が下がっています。血糖値が下がっているということは、午前や午後の練習と比較した場合に、それらの練習の中盤の体の状況から、スタートできるということです。夜中はエネルギーを消費しても、その補給はないわけですから、エネルギータンクに満足にエネルギー源がな

い状況でトレーニングができるというメリットもあります。

また、朝練習は規則正しい生活のリズムを獲得するのに有効です。例えば毎朝6時からスタートするとなったら、夜更かしはできません。10時に寝るなどの習慣ができてくるでしょう。トレーニングという一定のことを繰り返していくうえでは、生活のリズムが非常に重要になってきます。

さらには、朝練習は忍耐力を養成します。多くの人がまだ寝ている時間に、頑張っているというのは、忍耐強くもなるし、自信もつきます。このようにいろいろな意味合いで、朝練習は重要です。

中・高校生が行う目安としては、1年生であれば、決めた時間に起きる習慣をつけることから始め、体操や散歩くらいで十分かもしれません。2年生くらいから少しずつ走りはじめて、中学生のうちは3kmくらい、それもペースは5分/kmくらいでゆっくり行い、終わったあとに必ずウインドスプリントを入れておくようにしましょう。さらに補助的にできるのであれば、鉄棒、ハードルなどを入れて、せいぜい30〜40分やれば十分です。高校生であれば、その距離を伸ばして8〜10kmくらいにして、あとは鉄棒など。決して速いペースで走らないことです。4分/kmのようなペースで走る必要はありません。

朝練習は競技場や硬い地面を走るよりは、少し起伏のある野原や、やわらかい山道、公園、芝生の上など、野外で走ることを勧めます。

実戦的なトレーニング

800m、1,500 m を例に、レースにより即したトレーニング方法を紹介します。スタートするときやオープンレーンへ進むとき、追い抜くときなど、つねにルールに沿って力を発揮しなくてはなりません。また、3,000m 障害のトレーニング方法や、駅伝のたすきの受け渡しについても確認しておきましょう。

スタート

名前を呼ばれ
ているところ

「オン・ユア・
マークス」

オープンレーン

動画▶

800m

写真の上段は、800mのスタート例です。スターターの「On Your marks（オン・ユア・マークス）」の言葉でスタートラインに近づき、そのラインの後ろでスタート態勢をとらなければなりません。800mを超えるレースからは、スタンディングポジション（立位）からのスタートとなります。800mでは、第1コーナーの終わりにマークされたブレイクラインまでは、自分のレーンを走らなくてはなりません。

ブレイクラインを通過してからの位置取りとしては、外側の選手は、コーナーの内側に向かってまっすぐに走ります。極端なことをいえば、それより内側に入るのは損ということになります。

スタート態勢
をとる

スターターが
信号機を発射

1,500m

　写真の上段は、1,500mのスタート例です。800mと同様に、スターターの「On Your marks（オン・ユア・マークス）」の言葉でスタートラインに近づき、スタート態勢をとります。

　スタートラインはバックストレートの入口になり、弧を描いています。1,000mを超えるレースなので、オープンコースとなり、スタート直後からの位置取りが重要です。

　外側の選手はコーナー内側をまっすぐ目指していきます。内側の選手は、外から他の選手がかぶさってくるため、接触しないようにしながら、思い切って前に出るか、後ろに下がり気味でいくか、判断しながら進みます。

スタート

スターターが信号機を発射　　　　スタート姿勢をとる

オープンレーン

スターターが自分の視界に入るときは、その動きなどから発射のタイミングがわかる部分があるので、視線を向けるようにする。

「オン・ユア・マークス」

名前を呼ばれているところ

レース

　レースでは、決められたレーンのコーナーの内側を走ったり、他の選手を妨害したりすると、失格になります。競技会では気持ちが高ぶり、犯すはずのないルール違反をしてしまう、ということがないわけではありません。実戦的なトレーニングでスキルアップを図るとき、ルールをよく頭に入れて練習するようにしましょう。

　下の写真は、800mで、ブレイクラインを通過する前に、内側のレーンに入ってしまったルール違反の例で、失格になります。ちなみに、レーンの外側に足が出てしまった場合、他の選手の妨害にならなければ失格にはなりません。

　一方、他の競技者を妨害した場合は、失格させられます。審判長は、妨害した選手を除いて再レースを行うか、妨害を受けた選手が次のラウンド（決勝を除く）で競技できるようにする権限を持っています。

　右ページの写真上段は、前の選手が右ひじで、外側から抜こうとしている選手を妨害している例で、失格となります。なお、妨害されたことで自分のレーンの外に出ても、そのことが自分の利益にならず、他の選手の妨害にもならなければ、その選手は失格にはなりません。

　右ページの写真下段の写真は、内側から追い抜こうとして、トラックの外に出てしまった例で、失格となります。

　スタート、オープンレーンでの位置取り、追い抜きなど、レースの曲面ごとのトレーニングをしっかり行っておく必要があります。

オープンレーンに進む

ブレイクライン通過前に
内側のレーンに入った
ルール違反の例

動画▶

　写真は2人の選手が走っている例ですが、実際のレースでは選手の数はさらに多くなります。前方に出るときは、全体の状況を見ながら、安全に前に進むことが重要です。

　最近の中学・高校のレースでは、特に中距離が、また、長距離もその傾向にありますが、レースで転倒する例が目立ちます。前の選手と距離が狭い中で競う

ことが多く、気をつけなければいけません。転倒のほとんどが、前の選手の足を踏んでしまったり、引っかけたりということです。前の選手の足の動きにも注意する必要があります。例えば、足が流れるような選手、極端にストライドの広い選手の近くを走るときは、接触する可能性があるので十分に注意したいものです。

(追い抜く)

右ひじで妨害している
ルール違反の例

トラックの外側に出てし
まったルール違反の例

61

3,000m 障害

　トレーニングの前に、障害を越えるにあたって意識しなくてはならない筋肉をストレッチしておきます。

　はじめに、障害を越えるタイミングをつかむために、障害に足をかけて戻る動きを行います。次に障害に上がってから、下りる動きを行います。それから、踏み切って障害に足をかけて越える一連の動きを行います。

　視線は踏み切るまでは踏み切り位置に向け、踏み切り後には障害に向けるようにします。障害を越えたら体を小さくた

み、特に遠くに跳ぼうとせず、真下に落ちようともせず、そのままの勢いのところになるべく体を開かないようにして着地して、そのまま跳ねていくような動きになります。エネルギーロスを極力少なくする意味でも、遠くに跳ぼうとしないことがポイントです。

　スピードを減少させないためには障害に足をかけずにまたぐほうがいいのですが、跳躍力とそれを支持する大きな力を要するので、中・高校生には不向きです。

障害に足をかけて戻る（準備①）

障害に足をかけて越える（準備③）

動画▶

ストレッチ

障害に上がってから降りる（準備②）

障害を越えるときの適正な踏み切り位置を、砂場で確認しましょう。写真のように障害を砂場の縁に置きます。砂場に着地した位置の目印となるコーン（マーカー）を両サイドに複数個、設置します。見当をつけた踏み切り位置のわきにコーンを置き、踏み切って砂場に着地し、その位置にもコーンを置きます。踏み切る位置を前後に移動させて、同じように行います。その後に、踏み切り位置と着地の位置の関係を確認します。写真は、上段が適性な踏み切り位置にあることを示しています。中段のように踏み切り位置が障害に近すぎても、下段のように遠す

踏み切り位置の目
印となるマーカー

ぎても、障害に近すぎる位置で着地してしまうことがわかります。

理想的には、踏み切りに入ったとき、障害を越えたとき、着地して走り出したときの重心の上下動が少なく、同じような軌跡を描いて前進することで、より速い走りにつなげます。

障害を越えるときの走り

着地した位置

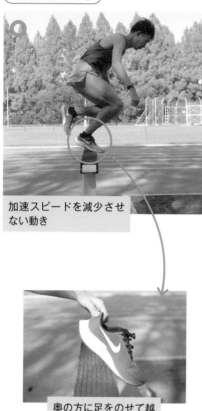

加速スピードを減少させ
ない動き

進む方向と反対側に横木
を強く踏み切るような形
になるので、スピードを
減少させてしまう

奥の方に足をのせて越
える

手前に足をのせて踏み
切らないようにしよう

障害を越えるトレーニング

踏み切る位置に足を合わせるために、ちょこちょこと細
かくステップしてしまうと、スピードが減少する。あら
かじめ、遠くから踏み切るポイントを見すえて走ってい
くと、そのようなことが起こりにくい

　砂場の近くに置いた障害を使って、障害に足をかけるときのポイントを確認します。障害の上面に、足の裏のつま先の方をのせるようにして障害を越えます。障害の手前の角に足の裏をかけると、ブレーキをかけることになり、良くありません。

　また、砂場では、障害を越えるときの体勢を正面からも確認しましょう。軸をまっすぐ垂直に保ったまま、体を小さくたたむようにして障害を越えます。軸が

ぶれたり、体を開いたり、障害の上に立つような動きではスピードが大きく削がれることになります。

　ここまでの練習で、障害を越えるタイミング、適性な踏み切り位置、足のかけかた、障害を越えるときの体の使い方がわかったら、トラックに戻って、踏み切り位置にコーン（マーカー）を置き、それぞれの動きのポイントを確認しながら、練習を続けましょう。

障害を越えるとき

スピードを減少させないためにも、体の軸がまっすぐであることが大切

バランスを崩しており、スピードの減少につながる

駅伝

駅伝はチームスポーツです。たすきリレーは、単なる布の輪のリレーではなく、気持ちや思いをつなぐ心のリレーであることを心に留めおいて、渡すときは「頼むぞ」という気持ちで、肩から下げているときは、控えの部員も含めて全員の思

たすきの受け渡し

たすきを渡す選手が、たすきを垂らすように片手で持って差し出すと、受け取る選手は、たすきの輪を探すなど、余分な手間がかかって、肩にかけるのが遅れます。チームワークや記録にも影響が及ぶので、スムーズな受け渡しができるようにしておきます。

たすきを受け取る選手は、十分に余裕

たすきをすぐにかける
ことができない…

いを背負っているんだという気持ちで走りたいものです。

　思いをつなぐ駅伝というものがあるから、個々がつながり合って、チームとして成り立っています。互いに一緒になっ

て強くなっていくという意味では、駅伝は非常に有効な種目であり、トレーニング手段です。日本の長距離の強化の中心に位置するものが駅伝であり、駅伝から長距離が発展していくといえます。

全員の思いを背負って
走ろう

を持って行動するようにします。まだ遠くを走っていると思い込んだり、防寒用のウエアを脱ぐのに時間がかかったりということは万が一にもあってはいけませ

ん。写真のように、走ってきた選手があたりをキョロキョロと探す、などということのないようにしてください。

次の走者が見
あたらない…

補強的なトレーニング

中長距離走における補強トレーニングは、「正しいフォームを維持する」という目的で行われます。長時間、一定の負荷が筋肉にかかり続けて疲労が蓄積されると、フォームが崩れ、ペースが衰え、記録は伸びません。その負担に耐えて最後まで良いフォームを維持するだけではなく、ペースの変化にも対応でき、ラストスパートでさらにペースアップをしてもフォームが乱れない筋力が必要です。

体幹補強運動（自重）

800mと1,500mでは、400mあたり男子で55〜62秒、女子で64〜72秒程度の速いペースに加え、2〜4分程度姿勢（フォーム）を維持できる筋力が最低限必要です。さらには瞬間的に、またラストスパート時にペースを上げるのであれば、いっそうの筋力アップが必要です。3,000mや5,000mにおいては、長時間運動することで体を支える筋肉が疲労して、終盤はフォームを維持していくことが困難になりがちです。

極端に筋力をつける必要はありません。必要なのは、ウエイトリフティングで発揮されるような瞬間的な最大筋力ではないということです。自体重を利用した、比較的軽い負荷で、持続性のあるやり方でなくてはいけません。補強運動の目的は、あくまでも乱れないフォームの維持。重要なのは体幹軸がぶれないことです。自動車をイメージしてください。スピードが上がれば上がるほど、ハンドルがぶれていき、ときにはボディがガタつきます。スピードを上げても、長時間走って

もぶれない体幹軸を作りましょう。

また、ぶれの少ない体幹軸は、故障の軽減にもなります。これも自動車に例えるなら、車軸が曲がった状態で長時間、スピードを上げて走ったりすれば、タイヤがパンクするなど様々な故障を引き起こしてしまうということです。

中長距離選手においても、体軸が安定しないことは、故障の原因となりかねません。体幹補強トレーニングでぶれの少ない、安定したランニングフォームが維持できるようにしましょう。

体幹補強トレーニングを行うときは、いずれも「軸」を意識して「ふらつかない」ことが大切です。どの筋肉がどのように刺激を受けて、ランニングのどのような場面に活きていくのかまで想像して行ってください。いずれのメニューも、体幹軸を維持しにくい状態の姿勢を、維持することで向上させるトレーニングです。正しい方法と回数で行い、初期は維持できる回数と時間の設定をして、計画的に伸ばしていきましょう。

動画▶

❶仰向けになり、両膝をそろえて、両脚を床から離す。
両膝をそろえたまま、おしりを高く上げる。
➡腹直筋

▶Training
　30〜50回

❷両手・両膝を床につけ、片膝を床から離す。その片脚
を外側に回しながら上方に高く上げる。
➡大臀筋・中臀筋・内側広筋

▶Training
　30回（左右各）

❸腹ばいになり、対角にある手と脚を同時に、交互に反
らせる。
➡大臀筋・脊柱起立筋

▶Training
　30回（左右交互）

❹仰向けになり、片膝を立て、もう一方の脚を伸ばして床から離す。背中、腰、脚を高く持ち上げる。左右交互に行う。

➡腸腰筋・大腿四頭筋

▶Training
30回（左右交互）

❺両ひじ、両つま先を床につけ、体の軸をまっすぐに保つ。腰を上げたり、逆に下げたりしない。

➡ハムストリング・脊柱起立筋

▶Training
60秒

❻両手と片膝を床につけ、もう一方の脚を水平に伸ばす。その脚を上方に高く上げる。

➡中臀筋・大腿筋膜張筋

▶Training
30回（左右各）

❼仰向けになりパートナーの足首を持ち、両脚をそろえて床から離す。両脚を上げたところをパートナーはつま先を軽く押し戻す。膝を曲げずに行う。
➡腹直筋

▶Training
30回

ひじ・膝が触れる

❽対角にある片手・片膝を床につけ、もう一方のひじと膝をつけ、体を屈曲させる。その手を前方へ、脚は上方へ高く上げ、体を伸展させる。
➡大臀筋・ハムストリング

▶Training
30回（左右各）

離す

❾片側を下に横になり、両脚を伸ばし、上の脚を浮かせる。その脚を伸ばしたまま、垂直方向に上げる。
➡外側広筋・大腿筋膜張筋

▶Training
30回（左右各）

⑩片側のひじと足のサイドを床につけ、横向きの姿勢で
体の軸をまっすぐに保つ。腰を曲げずに行う。
➡腹斜筋・脊柱起立筋

▶Training
60秒（左右）

⑪両手の指を首の後ろでしっかり組む。おしりを支点にし
て、対角にあるひじと膝をつける。左右交互にゆっくり行う。
➡内転筋群

▶Training
30回（左右交互）

⑫仰向けになり、脚を上げて膝、そして大腿と腰を直角
に保つ。そのまま脚を左右に振る。脚を床につけずに行う。
肩を床から上げたり、両膝を離したりしないこと。
➡大腿筋膜張筋・広背筋

▶Training
30回（左右交互）

⓭片側を下に横になり、パートナーは膝を押さえる。横
向きのまま、上体を起こす。前かがみにならずに、横向
きの体を垂直に引き上げる。

➡腹斜筋

▶Training
30回（左右各）

⓮対角にある片ひじ・片足を床につけ、もう一方のひじ
と膝をつけ、体を屈曲させる。その手を頭上へ、脚は元
の位置に戻し、体を伸展させる。

➡広背筋・内転筋

▶Training
30回（左右各）

⓯両手両膝を床につけ、一方の手をまっすぐ
前方へ、対角にある片脚を後方斜め上方へ伸
ばして維持する。

➡大臀筋・ハムストリング

▶Training
60秒（左右）

⓰仰向けの姿勢で両ひじ、両かかとで体を支
える。体の軸をしっかり伸ばす。あごを引か
ないようにする。

➡脊柱起立筋・広背筋

▶Training
60秒

ウエイトトレーニング

中学生と高校生の中長距離選手のウエイトトレーニングは、さほど重要ではありません。ウエイトトレーニングは無酸素運動が大半を占めます。この年代は有酸素運動を多く取り入れて、筋持久力を向上させることが重要なのであって、最大パワーの筋力トレーニングはほとんど必要ありません。

ではなぜ、ウエイトトレーニング行うのか？　目的の一つは故障とケガの予防、もう一つは瞬時の過負荷に耐えられる筋肉と靭帯の強化です。

ウエイトトレーニングは、ウエイト場、トレーニングルーム、フィットネスセンターなど、様々な施設とその器具で無限の多様性を持っています。ここで紹介する器具などがない場所もあるでしょう。身近な施設の限られた器具で、工夫をすることが大切です。

ここで紹介するのは、中長距離選手のウエイトトレーニング例です。最大筋力アップは重い負荷で回数を少なく、筋持久力アップは軽い負荷で回数を多く行い、全てのメニューを1セットとして3～5セット、メニュー間は連続で、セット間は休息を入れて行うようにしましょう。

最大筋力と筋持久力は別々にとらえがちですが、両立するなら各セットにおいてウエイトを重くしていき、徐々に回数を減らしていくやり方がいいでしょう。

ウエイト補強メニュー実施例

東海大学陸上競技部中長距離ブロック

	種目	1セット目 基本	オリジナル	2セット目 基本	オリジナル	3セット目 基本	オリジナル
1	スタンディング・アームカール	20kg×10回		15kg×20回		10kg×30回	
2	プッシュアップ	高く×20回		やや高く×25回		平地×30回	
3	ベンチプレス	40kg×20回		30kg×30回		20kg×40回	
4	シットアップ	4段×30回		3段×40回		2段×50回	
5	バック・エクステンション	手を首×10回		手を耳×15回		手を腰×20回	
6	スタンディング・レッグ・レイズ	30回		30回		30回	
7	レッグ・エクステンション	10回		20回		30回	
8	レッグ・カール	10回		20回		30回	
9	フロントランジ	20kg×10回		15kg×20回		10kg×30回	
10	フル・スクワット	20kg×10回		15kg×20回		10kg×30回	
11	トータルヒップ アダクター・キック（右）	10回		15回		20回	
	アダクター・キック（左）	10回		15回		20回	
12	アブダクター・キック（右）	10回		15回		20回	
	アブダクター・キック（左）	10回		15回		20回	
13	ヒップ・エクステンション（右）	10回		15回		20回	
	ヒップ・エクステンション（左）	10回		15回		20回	
14	ヒップ・フレクション（右）	10回		15回		20回	
	ヒップ・フレクション（左）	10回		15回		20回	
15	サイド・ベント（右）	10回		15回		20回	
	サイド・ベント（左）	10回		15回		20回	

セットごとのウエイト器具の重さと回数は、基本的にウエイトを軽くしていき（負荷を小さくしていき）回数は増やしていく。よって、基本形は示した通りだが、ウエイト器具の重さや回数は自分に合ったものを、オリジナルという形で作るとよい。

❶スタンディング・アームカール

➡上腕二頭筋

バーベルを肩幅くらいの位置で持ち、両腕をまっすぐ下に伸ばす。両足は肩幅くらいに開く。息を吸いながらひじを曲げ、バーを肩のほうに引き寄せる。肩と腰を固定し、背中をまっすぐに保つ。息を吐きながら、最初のポジションに戻す。

❷プッシュアップ ➡胸筋・上腕三頭筋

手を肩幅に開いた腕立て伏せ。体をまっすぐに固定して息を吸いながら体をできるだけ下げ、吐きがら最初のポジションに戻す。両手の間隔を狭くすると上腕三頭筋が、広げると胸筋が特に刺激される。

❸ベンチプレス ➡胸筋・上腕三頭筋

フラットベンチの両サイドの床に両足を置き、横になってバーベルをラックから持ち上げる。息を吸いながらバーを胸までおろし、吐きながら腕が完全に伸びるまでバーを押し上げる。腰と頭はベンチにつけたままにする。ウエイトは体重の3分の1〜が目安。

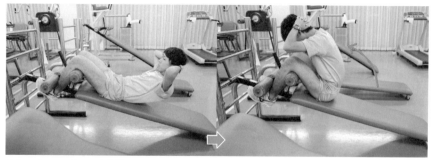

④シットアップ ➡**腹直筋・腸腰筋**
腹筋台に仰向けで、膝を 90 度曲げた状態
で固定し、手を首の後ろで組む。息を吐き
ながらひじが膝につくまで上体を持ち上げ、

息を吸いながら元のポジションまで戻す。
このとき肩甲骨がボードにつかないように
する。大きくゆっくり行う。腹筋が弱い人
は腕を胸の前で組むとよい。

⑤バック・エクステンション
➡**脊柱起立筋・ハムストリング**
ローマンベンチに乗り、足首と骨盤を固定
パッドで固定してバランスをとる。息を吐

きながら頭を垂直に下げ、腰から上体を 90
度下ろした姿勢をとる。息を吸いながら上
体を持ち上げ、水平よりやや上になるまで
エビ反りの状態を作る。

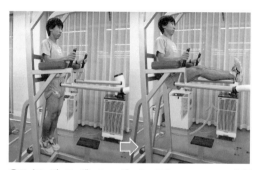

⑥スタンディング・レッグ・レイズ
➡**腹直筋・腸腰筋・大腿四頭筋**
パラレルバーのパッドにひじをのせてグ
リップを握り、足先から頭まで垂直の姿勢

を保つ。息を吐きながら脚を 90 度まで上
げて、息を吐きながら元の姿勢に戻す。腰
パッドに腰を密着させて、腰が浮かないよ
うにする。動作を速くしない。

❼レッグ・エクステンション
➡大腿四頭筋
レッグ・エクステンション・マシンのシートに膝と臀部の端をつけて座り、ハンドグリップを握る。つま先は少し上げ、息を吸いながら、両脚の下腿が地面と平行になるまでウエイトを上げる。息を吐きながら元のポジションに戻す。

❽レッグ・カール　➡ハムストリング
レッグ・カール・マシンを使用する。脚を伸ばした状態で、深く腰をかけ、腰が浮かないようにして、かかとをフットパッドの上にのせる。手のひらでマシンのハンドパッドをつかみ、息を吸いながら膝を曲げてウエイトを持ち上げる。元の位置に戻すときに息を吐く。

❾フロントランジ
➡大腿四頭筋・ハムストリング
バーベルを胸の上部、もしくは肩の後ろにのせる。背中をまっすぐに保ち、顔は上げ、息を吸いながら片脚を踏み出し、大腿が床と平行になるようにする。このとき後ろ脚の膝はできるだけ曲げない。息を吐きながら元の位置に脚を戻す。

⑩フル・スクワット
➡大腿四頭筋・大臀筋・脊柱起立筋
バーベルを肩にのせ、つま先が開かないように注意。息を吸いながら、ゆっくりとス

クワットポジションへ。完全にしゃがみ、わずかな小休止の後、元のポジションに戻す。長距離ランナーは軽めのウエイトで、数回繰り返す程度でよい。

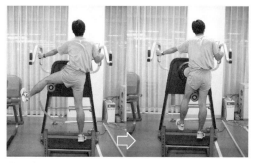

⑪アダクター・キック　**➡大腿内転筋群**
トータル・ヒップ・エクササイズ・マシンのフットパッドを 90 度の位置にセットする。息を吸いながら、フットパッドを両脚

がそろう位置まで引き寄せる。わずかな小休止をとり、息を吐く。再び息を吸いながら脚を元の位置に戻す。動作はゆっくりと正確に行う。

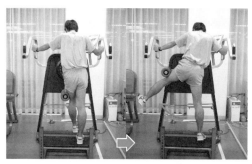

⑫アブダクター・キック　**➡中臀筋**
トータル・ヒップ・エクササイズ・マシンのフットパッドを膝の外側の位置にセットする。息を吸いながら脚を上げ、できるだ

け高い位置まで開く。わずかな小休止をとり、息を吐く。再び息を吸いながら元の位置に戻す。動作はゆっくりと正確に行う。

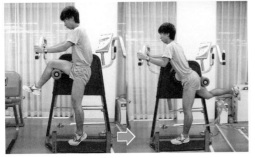

⑬ヒップ・エクステンション

➡大臀筋・脊柱起立筋

トータル・ヒップ・エクササイズ・マシンのフットパッドにのせた脚が開き、支持脚

のかかとが上がらない位置で固定する。グリップを握り、息を吐きながら後方に高く振り上げる。脚を元の位置に戻すときも力を抜かない。

⑭ヒップ・フレクション

➡腸腰筋・大腿四頭筋

トータル・ヒップ・エクササイズ・マシンのフットパッドを膝の上側の位置にセット

する。息を吸いながら脚を上げ、できるだけ高い位置まで開く。わずかな小休止をとり息を吐く。再び息を吸いながら元の位置に戻す。ゆっくりと正確に行う。

⑮サイド・ベント

➡外内腹斜筋・腹横筋・腹直筋

ダンベルを片手に持ち、もう一方の手のひらを後頭部に当て、ひじを横に開く。ダン

ベル側に上体を傾ける。息を吸いながら上体を起こし、さらに反対側まで上体を曲げる。わずかな小休止をとり、息を吐く。息を吸いながら、元に戻す。

鉄棒運動

　鉄棒においても、体幹を鍛えるという目的は「体幹補強運動（自重）」（70ページ）と同じです。バランスがとりにくい運動種目ですので、体幹軸を作るということへのアプローチはより強くなります。

　また鉄棒は脚が宙に浮くことで上半身に大きな負荷がかかり、腕や腹筋、背筋などが鍛えられます。こうした鉄棒独自のメリットを活かして、それぞれのメニューに取り組みましょう。

　鉄棒は、得手不得手が分かれやすい運動種目です。自分に合った回数から始めて、連続して続けられるようにすることを目標としましょう。

　さらに、練習しただけ上達できるのも鉄棒の特徴です。達成感を得られる運動種目ですので、継続的に取り組んでください。

鉄棒運動を行う前に、上半身を中心とした体操を行いましょう。

❶懸垂
下げたときにひじが伸び、上げたときにあごが出るようにする。

▶Training
中学生：5回×1〜3セット
高校生：10回×1〜3セット

（❶〜❼全メニューを行うようにする。以下同）

❷懸垂逆上がり
きちんと懸垂をしてから、おしりを引き上げてくるりと回転する。

▶Training
中学生：3回×1〜3セット
高校生：5回×1〜3セット

動画▶

82

❸腰曲げ懸垂・伸身
体をL字型にして懸垂をする。

▶Training
　中学生：5回×1〜3セット
　高校生：10回×1〜3セット

❹腰曲げ懸垂・屈伸
❸の膝を曲げて懸垂をする

▶Training
　中学生：5回×1〜3セット
　高校生：10回×1〜3セット

❺左右交互懸垂
鉄棒に対して横になり、頭を左右に出しながら懸垂をする。

▶Training
　中学生：5回×1〜3セット
　高校生：10回×1〜3セット

❻伸身ハードル
両膝を伸ばして、ハードルを左右に越える。❼とともに体の軸がまっすぐにキープされていることが大切。

▶Training
　往復10回

❼屈身ハードル
両膝を曲げて、ハードルを左右に越える。

▶Training
　往復10回

サーキットトレーニング

サーキットトレーニングを考案したのは、イギリスの生理学者モーガンとアダムソンです。パワー、筋力、瞬発力、持久力など高める複数のエクササイズを1セットとして連続して行い、休息をはさみ数セット行うことで、総合的に体力を向上させることがねらいです。同じ部位のエクササイズが連続しないように注意します。その内容はハードで、冬期トレーニングなどの鍛錬期に積極的に行いたいトレーニング法です。

各種目の回数と時間を決めて、あわてず正確に行いましょう。

❶ウォーキング動作➡大腿四頭筋
背筋を伸ばし、大腿部を90度引き上げて、その場でウォーキング動作を行う。両脚を素早く切り替え、着地足のかかとはつけない。

▶Training ─
30～50回

❷プッシュアップ
➡大胸筋・上腕三頭筋・三角筋
体幹をまっすぐに保ち、腕立て伏せを行う。

▶Training ─
中：10～20回
高：20～30回

❸ジャックナイフ
➡腹直筋・腹横筋・腸腰筋
仰向けになり、腰を支点に上半身と両脚を起こし、両脚の外側で両手を打ち合わせる。

▶Training ─
中：10～20回
高：20～30回

❹うつ伏せ上体起こし
➡大臀筋・大腿二頭筋
台の上にうつ伏せになり、両脚を固定し、メディシンボールなどを持って上体を起こす。

▶Training ─
中：10～20回
高：20～30回

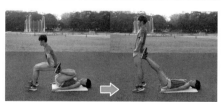

❺レッグプレス➡大腿四頭筋
レッグプレス・マシンを使う。もしくは仰向けになり、両足の裏にパートナーを乗せ、膝を伸ばして押し上げる。

▶Training ─
中：10～20回
高：20～30回

動画▶

⑥鉄棒懸垂➡大胸筋
低い鉄棒を使った斜め懸垂。

> ▶Training
> 中：10～20回
> 高：20～30回

⑦鉄棒ジャンプ➡全身の筋肉
高い鉄棒へのジャンピング。

> ▶Training
> 中：5回
> 高：5～7回

⑧スクワットスラスト➡全身の筋肉
背筋を伸ばして立つ。両膝を曲げて両手を床につけ、両脚を後ろに伸ばして腕立て伏せの姿勢になる。両脚を戻して高くジャンプする。

> ▶Training
> 中：10回
> 高：15回

⑨両脚「8」の字➡腹斜筋
身長より高い鉄棒にぶら下がり、両脚をそろえて「8」の字を描く。

> ▶Training
> 中：10回
> 高：15回

⑩ハードルジャンプ➡下半身の筋肉
ハードルを横一列（ハードル間は1m～2.5m）に並べ、両脚でジャンプする。

> ▶Training
> 中：ハードル低 8台×1
> 高：ハードル低 8台×1

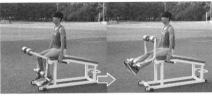

⑪レッグ・エクステンション
➡大腿四頭筋・大腿筋膜張筋
レッグ・エクステンション・マシンを使う。または、イスに腰かけ、両足の間にメディシンボールをはさんで行う。

> ▶Training
> 中：10～20回
> 高：20～30回

⑫レッグ・カール➡大腿二頭筋
レッグ・カール・マシンを使う。または、うつ伏せになり、両足の間にメディシンボールをはさんで行う。

> ▶Training
> 中：10～20回
> 高：20～30回

体操とストレッチング

練習や試合の前後に行うべきものが、体操とストレッチングです。体操は動的、ストレッチングには動的なものと静的なものがあります。いきなりトレーニングに入ると、筋肉や靭帯、関節などに大きな負担がかかり、より良い活動の妨げになるばかりか、故障につながります。体操はリラックスして動きを大きく、各部位に応じたメニューで、しっかり筋肉を伸び縮みさせてください。

体操

❶伸び／体側伸ばし
➡上腕・背筋・腹筋／側筋
両手を組み、手のひらを上にして、息を吐

きながら背筋を大きく伸ばす。次に脚を交差させ、上体を左右に倒す。

つま先をそろえる

かかとをつける

❷屈伸 ➡大臀筋・大腿四頭筋・大腿二頭筋・ひらめ筋
両手を膝に当て、両膝の曲げ伸ばしを行う。

つま先をそろえ、かかとが浮かないようにする。

動画▶

❸深脚
➡内転筋／大臀筋・ひらめ筋
写真左は浅い深脚、右は深い深脚。両手を
膝に当て、軸足に体重をかけ、もう一方の
脚を伸ばす。軸足のかかとを床につけるこ
と。

❹前後屈
➡腰周辺の筋肉
両脚を開き、両手を下ろして上体を前に倒
し、両手を腰に当てて上体を反らせる。あ
ごを上げて後方が見えるように行う。

❺回旋
➡腰周辺の筋肉
両脚を開き、指先が床すれすれに、また、
後ろへ大きく回転するように上体を十分に
回す。

❻アキレス腱伸ばし
➡ひらめ筋
脚を前後に開き、後ろ足首の角度を 65 〜

70 度くらいにする。さらに腰を深く入れ、後ろの膝を床につける。背筋をしっかり伸ばすこと。

❼肩入れ
➡脊柱起立筋
両脚を大きく開いて腰を落とし、両手を膝

に当て、上体をねじるようにして肩を内側に入れる。特に背筋が伸びるのを意識する。

❽深く腰を落とす運動
➡大臀筋・大腿四頭筋
四股を踏むように腰を深く入れる。

❾腰回し

➡腰周辺の筋肉

両脚をやや狭く開き、両手を腰に当て、腰
を左右両方向に大きく回す。

❿膝回し

➡膝関節

両脚を閉じ、膝に手を添えて大きく回す。

⓫手首・足首回し

➡手首・足首の関節

両手を組み、手首をリラックスさせて回す。
また同時に、足首を回転方向を変えながら
回す。

動的ストレッチ（ダイナミックストレッチ）

トレーニングの前後において、準備とケアを目的として、ストレッチを使い分けましょう。間違えたくないのは、練習前のストレッチは、心拍数や体温などが上昇し、筋肉活動が活発になる練習の「動き」を考慮した「動的ストレッチ」であるべきだということです。静的なストレッチを練習前に行い、心拍数を下げると、体は温まらないと同時に筋肉を緩め

てしまい、力が入りにくくなります。

また練習後は、ダメージを受けた体を元の水準（恒常域）に早く戻しておく必要があるので、「静的ストレッチ」を習慣化して、体に回復の手順を教えていかなければなりません。これらの点を考慮して、練習前後のストレッチの使い分けを身につけましょう。

❶大腿四頭筋

体の前で片脚を抱え込んで引きつける。次に足の甲を持ち、かかとをおしりに引きつける。回数を重ねるごとに、可動域が大きく広がることを意識する。軸足はまっすぐに保って行う。

▶Training
8回（前後各）×2セット

❷ハムストリング

膝を伸ばし、つま先を外側に向けた状態で前屈する。次につま先を内側に向けた状態で前屈する。外側向きではハムストリングの内側に、内側向きでは外側にストレッチが効く。

▶Training
8回（内外各）

❸大臀筋・中臀筋

前傾し、片脚を抱え込んで引きつける。軸足はまっすぐに保って行う。①よりも大きく可動域が広がることを意識する。次に前傾し、膝下を横に曲げながら抱え込んで引きつける。

▶Training
6回（左右各）

❹内転筋群

進行方向に対して前足を軸足として180
度ずつ回りながら進む。前足の膝を曲げ
ることで、左右の内転筋群に交互にスト
レッチが効く。また、おしりを引くこと
でストレッチ効果が高まる。

▶Training
8回×2セット

❺大臀筋・中臀筋・小臀筋

進行方向に対して前足を軸足として、後
ろ足を軸足の前後交互にクロスしていく。
クロスしたときに、軸足の膝を曲げる。
軸足の前でクロス＝軸足の中臀筋・小臀
筋に、軸足の後ろでクロス＝軸足の大臀
筋に刺激を与える。

▶Training
8回×2セット

❻大臀筋・大腿四頭筋・大胸筋

ランジと同時に上半身を上に伸ばす。しっ
かりと腰を落とす。

▶Training
8回×2セット

❼大臀筋・大腿四頭筋・胸郭

ランジで沈み込むときに、後ろ足側の腕
を上げて胸を開くことで胸郭を広げる。

▶Training
8回×2セット

❽ハムストリング

片脚を前に出し、上半身を前傾させる。
前足のつま先を上げて行う。後ろから大
きくすくい上げる動きをイメージして行
うと、ストレッチの効果が高まる。

▶Training
8回（左右各）×2セット

静的ストレッチ

静的／セルフ／ペアストレッチングでは、リラックスした状態で動きを止め、筋肉をゆっくりかつ十分に伸ばします。

反動をつけて細かく動かすと、筋肉を傷める場合があります。あくまで静止した状態で、各メニュー 15 ～ 60 秒ほど、自分に合った時間、ストレッチしてください。

練習後に行う体操とストレッチングは、体に大きな負担をかけたまま、その日のトレーニングを終了せないことを目的にしています。

特に疲労した筋肉は、その特性から緊張して収縮しやすく、毛細血管の血流が悪くなります。そうした状態が続くと筋肉が固くなり、疲労感が増してきます。

徐々に運動を終わらせて、筋肉の緊張を解くことで、疲労を残さず運動を終えることができます。

整理体操は、ダウンジョグ、ストレッチング、マッサージなども含めて、できるだけ時間をかけましょう。

練習の流れ

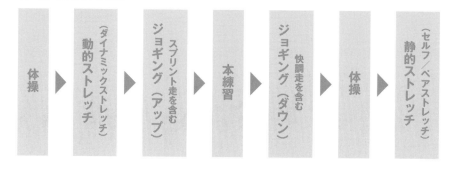

体操 ▶ 動的ストレッチ（ダイナミックストレッチ）▶ ジョギング（アップ）スプリント走を含む ▶ 本練習 ▶ ジョギング（ダウン）快調走を含む ▶ 体操 ▶ 静的ストレッチ（セルフ／ペアストレッチ）

❶首の筋肉
首をゆっくり2周、左右から回す。

❷腱板
片ひじにもう一方の前腕を当て、引き寄せる。

❸大胸筋・三角筋・上腕二頭筋
両手を背面で組み、ひじを伸ばして引き上げる。

動画▶

❹三角筋・棘下筋
頭の後ろでひじをつかみ、押し下げる。顔は正面に向ける。

❺前腕屈筋群
両膝と、両手指先を後ろに向けて床につけ、両肩を後ろに引く。

❻アキレス腱・ひらめ筋
正座から片膝を立て、上体を前へ移動してアキレス腱を伸ばす。

❼前脛骨筋・腓骨筋
足首の上と下をつかみ、反らせる。

❽ハムストリング
片脚を伸ばし、足先をつかみ、上体を前に倒す。

❾大腿四頭筋
片膝を曲げ足首をおしりのわきにおき、上体を後傾させる。

❿内腿筋群
両足の裏を合わせ、上体を前傾させる。

⓫越周辺の筋肉
脚をクロスさせて片膝を立て、ひじをかけて上体をねじる。

⓬中臀筋・梨状筋
片膝を立て、両手を組んで膝に当て、肩の方に引く。

⓭大臀筋
仰向けになり、片膝を胸に引き寄せる。

⓮中臀筋・股関節
仰向けになり、写真のように股関節と膝を90度に曲げて、膝に手を当て、床に引き寄せる。

⓯背中の筋肉
仰向けになり、大きく背伸びをする。

ペアストレッチ

　仲間の助力を得て行うペアストレッチは、1人では行いにくい筋肉のストレッチや、体が比較的柔らかい人に適した方法です。

　写真を参考にして、仲間と行ってみてください。

準備　脚のリラックス
本人：仰向けになり、両手を左右に開き、脚を脱力させる。
パートナー：脚を急にストレッチして負荷をかけすぎないように、ブラブラとゆすってリラックスさせる。

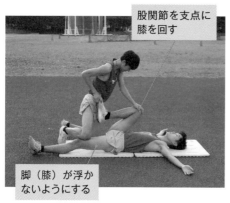

股関節を支点に膝を回す

脚（膝）が浮かないようにする

❶膝関節
本人：仰向けになり、両手を左右に開き、脚を脱力させる。
パートナー：つま先を持ち、膝を支えて、股関節を支点に膝を大きく回す（左右方向とも）。相手の反対側の脚（膝）が浮かないように、膝で固定して行う。

角度を小さく

❷ハムストリング
本人：仰向けになり、両手を左右に開き、脚を脱力させる。
パートナー：両足の裏を胸に当て、膝のあたりを手でを押す。

動画▶

手の位置が
ポイント

❸大臀筋

本人：仰向けになり、両手を左右に開き、脚を脱力させる。両肩が浮かないようにする。
パートナー：片脚を肩にのせ、両手で膝を支え、脚を垂直に伸ばす。反対側の脚が浮かないように膝で固定して行う。

膝を支えず、曲がって
しまうのは NG

❹内転筋

本人：仰向けになり、両手を左右に開き、脚を脱力させる。両肩が浮かないようにする。
パートナー：片手を膝に、もう一方の手を腸骨に当て、ぐっと開くように押す。反対側の脚が浮かないように片脚で固定して行う。

股関節を開く

❺腰周辺の筋肉

本人：仰向けになり、両手を左右に開き、脚を脱力させる。
パートナー：片手を反対側の地面につけた膝に、もう一方の手を肩に当てて押す。反対側の脚が浮かないように片脚で固定して行う。

❻大腿四頭筋

本人：仰向けから両ひじをつき、上体を起こして脚を脱力させる。写真のように膝下を曲げる。
パートナー：片手を曲げた膝に、もう一方の手を腸骨に当て、ぐっと開くようなイメージで大腿四頭筋を伸ばす。

❼腰とハムストリング
本人：仰向けになり、脱力する（頭上の地面に両つま先をつけた状態）。
パートナー：片手を両かかとに当て、もう一方の手で尾骨を支え、脚全体を開くようなイメージで伸ばす。膝をしっかり伸ばすことで、ハムストリングがよりストレッチングされる。

❽上腕三頭筋
本人：仰向けになり、脱力する。
パートナー：片手をひじに、もう一方の手を肩に当て、左右に開くようなイメージで伸ばす。

❾前腕の筋肉
本人：仰向けになり、脱力する。
パートナー：片手で片手を持ち、もう一方の手をひじに当て、前腕を開くようなイメージで伸ばす。

❿大胸筋
本人：仰向けになり、脱力する。
パートナー：片手を上に伸ばした上腕に、もう一方の手を体側の上部に当て、開くようなイメージで伸ばす。ひじと脇を真上から下に押すようにして、胸の筋肉を伸ばす。

⑪三角筋

本人：横向きになり、脱力する。

パートナー：片手を上のひじに、もう一方の手を肩に当て、開くようなイメージで伸ばす。

胸と背中を
合わせる

⑫股関節

本人：両足の裏を合わせ、両手でかかとをなるべく自分の体に引き寄せる。

パートナー：両膝に手を当て、背中に胸を当てて押す。

⑬股関節

本人：両脚を開く。

パートナー：両膝に手を当て、背中に胸を当てて押す。

⑭股関節

本人：両脚を閉じ、つま先に手を伸ばす。

パートナー：両膝に手を当て、背中に胸を当てて押す。

⑮股関節

本人：両脚を開く。上体を倒す側の膝を片手で押し、もう一方の手をつま先に伸ばす。

パートナー：両膝に手を当て、背中に胸を当てて、左右に押す。

⑯腹筋

本人：両脚を伸ばし、パートナーの首の後ろで両手を組む。

パートナー：両膝を背中に当て、両ひじを持って引く。

⑰全身

本人：パートナーに向かって立ち、地面に両手をつけて逆立ちをする。相手の動きに合わせて体を起こす。

パートナー：相手の足首のあたりを両手で受け止め、体の向き（180度）を変える。相手を背負うように両膝を両肩に密着させ、上体を前に倒す。

PART3

トレーニング計画
&戦略

年間計画の立て方と実例、
各種目のトレーニング計画、
試合に勝つための戦略を
わかりやすくまとめています。

計画を立てる際のポイント

トレーニング計画を立てる際に十分に考慮しなければいけないのが、PART 1で述べた「トレーニングにおける三原理と五原則」（16ページ）です。この基本的な考えに基づいて計画を立てます。

計画的トレーニングの利点

　計画を立ててトレーニングを行うことには、次のような利点があります。
①目標が明確になることでやる気がわいてくる。
②参加予定の競技会に向けて取り組みやすくなる。
③段階的に負荷を上げていくことができ、オーバートレーニングが避けられ、ケガの防止になる。
④軌道修正を行いやすい。
　ただ漠然とトレーニングを進めていくと、成長過程を予測できません。トレーニング計画を作ることは、自己の成長をイメージする大切な要素を含んでいます。
　以上を踏まえて、実際に計画を立てる手順を説明します。

①「年間計画表」を作成する

　中・高校生の競技会は、3年間ほぼ同じサイクル（周期）で行われます。高校生の年間計画の例として、佐久長聖高校駅伝部の「年間活動計画表」を挙げます（102ページ）。
　最も重要と考える競技会を2つ設定します。まずは競技会の日程から考えます。

練習内容の組み立てなどは次の段階のことになります。1年間の中でどの競技会をいちばん重要と考えるか、これで全てが決まります。
　中・高校生は発育段階にあることを考慮して、大きなターゲットとする競技会は年間2試合にとどめましょう。
　佐久長聖高校駅伝部の場合は、8月の高校総体（全国高等学校総合体育大会、通称インターハイ）と12月の高校駅伝（全国高等学校駅伝競走大会）がこれにあたります。この目標は高校生では最高レベルといえます。
　自分にとってはどの競技会が最も重要か、それを2つ決めてください。
　次に考慮されるべきことは、学校の年間行事計画です。中・高校生は学校行事を無視して競技会参加を設定することはできません。中間考査や期末考査など、自分に関係する行事をすべて年間計画に反映させましょう。
　次に、2大目標に向けて必要な試合、その他の小さな試合、合宿などを入れます。そして、休養期間をどこに置くかを考えます。特に冬場は最低でも1か月は競技会に出場しない時間を設けましょう。こうして日程を組み込んでいくと、

一年間の自分の動きが見えてきます。

②「期分け」をする

　106・107ページは中・高校生男子のトレーニング方法（上表）と、どの期に実施するか（下表）を示したものです。

　下表に基づいて作成したのが104・105ページの「1年間のトレーニング適応期」です。この期分けをするときの手順は次の通りです。

①最も重要な競技会を優先して入れる。
②上記の予選競技会を入れる。
③全国レベルの競技会を入れる。
④大切な競技会に向けて近い順に、仕上げ期、調整第2期、調整第1期、基礎構築第2期、基礎構築第1期というように設定する。

〈注意事項〉

・回復期は重要であることを意識する。
・重要な位置付けの競技会は極力少なくして、小さな競技会は各期分けの中で、その期に応じた心がまえで臨む。

　期分けの中では106・107ページの上の表の「トレーニングの種類」にあるようなトレーニングを実施します。

③練習計画表を作る

　104・105ページの「1年間のトレーニング適応期」を参考にして、最終的なトレーニング計画表を作成します。先にも述べましたが、場当たり的な練習は身になりません。必ずトレーニング計画を作成するようにしましょう。作成時におけるポイントは以下の通りです。

①1か月単位もしくは、区切り（競技会）と考える単位で計画表を作る。

②学校行事も入れる（試験、休日、行事）。
③トレーニングは強弱をつけるように心がける。
④競技会前に練習量を増やさない。
⑤計画は余裕が持てるように心がける。
⑥計画の変更は当然あるものとして、縛り過ぎない。

　例として挙げた108・109ページのトレーニング計画は平成20年5、6月の佐久長聖高校駅伝部の練習計画表です。

　かなり細かな計画を立てています。長期・中期・短期で競技会と練習の流れをきちんと把握して、それに沿って自己を作り上げていきます。自ら力をつけていく手順を、計画表を作成することで明確にしましょう。

④体と対話しながら実行する

　計画を立てると、どうしてもそれをやらなければならないという使命感が強くなりますが、人間の体は日々変化しているものですから、体と対話をしながら、柔軟に対応していく気持ちが大事です。

　トレーニングを思いきって変更したり、状況によっては、やめる勇気も重要です。まじめな日本人には、その決断がなかなかできません。計画を変更することに対して、休むとか、サボるとか悪いイメージのほうを強く持つようです。

　実際にはトレーニング計画を立てたものに対して、十分に可能な状況なのかどうかということを判断しながら、柔軟に計画を変えていく勇気が必要であるということです。計画していることだからどうしてもやらなくてはということで無理をして、故障につながることもあります。

年間活動計画表［例］佐久長聖高等学校駅伝部

日	4月		5月		6月		7月		8月		9月		日
1	火	校内合宿 (30日～)	木		日	県高校総体	火		金		月		1
2	水		金		月		水	期末考査	土		火		2
3	木		土	富士見合宿	火		木	期末考査	日	菅平合宿	水	クラスマッチ	3
4	金	始業式	日		水		金	期末考査	月		木	クラスマッチ	4
5	土	入学式	月		木		土	男鹿駅伝(秋田)	火		金		5
6	日		火		金		日		水		土	県合宿 (菅平)	6
7	月	確認考査	水		土	ほたる駅伝	月		木		日		7
8	火		木		日		火		金		月		8
9	水		金		月		水		土		火		9
10	木		土		火		木		日		水		10
11	金		日		水		金		月	県合宿 (菅平高原)	木		11
12	土		月		木		土	国体予選 (松本)	火		金		12
13	日	県ロード佐久	火		金		日		水		土	東信高校新人 (上田)	13
14	月		水		土		月		木		日		14
15	火		木		日		火		金		月		15
16	水		金	東信高校総体 (上田)	月		水		土		火		16
17	木		土		火		木		日		水		17
18	金		日	父母会総会	水	妙高合宿	金	富士見合宿	月		木		18
19	土		月		木		土		火		金		19
20	日		火		金		日		水	確認考査	土	鴻巣ナイター	20
21	月		水		土	北信越 高校総体 (富山)	月		木		日		21
22	火		木		日		火		金		月		22
23	水		金		月		水		土	父母会グランド整備	火		23
24	木		土		火		木		日		水		24
25	金		日		水		金		月		木		25
26	土	県春季大会 (松本)	月		木		土	県中長記録会	火		金	県高校新人 (長野)	26
27	日		火	中間考査	金		日		水		土		27
28	月		水	中間考査	土		月		木		日		28
29	火		木	中間考査	日		火	インターハイ rei	金		月		29
30	水		金	県高校総体 (松本)	月		水		土	強化合宿	火		30
31			土				木		日				31
その他出場予定の競技会			5日 日体大記録会 14日 東海大記録会 (※6月欄) 31日 日体大記録会		14日 東海大記録会		8～13日 世界ジュニア 選手権 ビドゥゴシチ (ポーランド)				6・7日 県選手権 13日 埼玉実業団 27日 日本大記録会		その他出場予定の競技会

日	10月		11月		12月		1月		2月		3月		日
1	水		土		月		木		日 ↓	名岐駅伝	日	県ロード伊那	1
2	木		日 ↓	県高校駅伝	火	期末考査	金		月		月		2
3	金	国民体育大会	月		水	期末考査	土		火		火		3
4	土		火		木	期末考査		合宿	水		水		4
5	日		水		金	全国駅伝対策強化合宿	月		木	合宿	木		5
6	月		木		土		火		金		金	卒業式	6
7	火 ↓		金		日		水		土		土	福岡クロカン	7
8	水	中間考査	土		月		木	確認考査	日		日		8
9	木	中間考査	日		火		金		月		月		9
10	金	中間考査	月		水		土	強化合宿	火		火		10
11	土		火		木		日		水		水		11
12	日		水		金		月		木		木		12
13	月		木		土	調整合宿	火		金		金		13
14	火		金 ↑		日		水		土		土		14
15	水		土		月		木		日	千葉クロカン	日		15
16	木		日 ↓	北信越駅伝	火		金		月		月		16
17	金	日本ジュニア・ユース選手権	月		水		土		火		火		17
18	土		火		木	京都入り	日	都道府県対抗駅伝	水		水		18
19	日		水		金		月		木		木		19
20	月		木		土		火		金		金 ↑		20
21	火		金		日	全国高校駅伝	水		土		土		21
22	水		土	日体大記録会	月		木		日		日	春の高校伊那駅伝	22
23	木		日		火		金		月			合宿	23
24	金		月		水		土	父母会総会	火		火		24
25	土	北信越高校新人陸上(松本)	火		木		日		水		水		25
26	日		水		金	諏訪合宿	月		木	学年末考査	木 ↑		26
27	月		木		土		火		金	学年末考査	金		27
28	火		金		日		水		土	学年末考査	土	弥彦駅伝	28
29	水		土		月		木				日		29
30	木		日		火		金 ↑				月		30
31	金 ↑				水		土				火		31

その他出場予定の競技会

- 10月: 18日 静岡県長距離記録会 / 25日 日体大記録会
- 11月: 16・17日 長野県縦断駅伝 / 30日 東海大記録会
- 12月: 13日 日本大記録会
- 2月: 15日 浜名湖駅伝 / 15日 天龍駅伝
- 3月: 28日 世界クロカン アンマン(ヨルダン)

1年間のトレーニング適応期（期分け例）

	4月	5月	6月	7月	8月	9月
上旬	ドリル第1期	調整第1期	調整第1期 ／ 調整第2期	調整第1期	インターハイ ／ 回復期	基礎構築第2期
中旬	ドリル第2期	調整第2期	地区インターハイ予選 ／ 回復期	調整第2期	基礎構築第1期	回復期
下旬	回復期	仕上げ期 ／ 県インターハイ予選 ／ 回復期	調整第1期	仕上げ期 ／ インターハイ	回復期 ／ 基礎構築第2期	調整第1期 ／ 調整第2期

期分け表作成手順
①最も重要な試合を優先して入れる。
②その予選競技会を入れる。
③全国レベルの試合を入れる。
④大切なレースに向けては近い順に、仕上げ期、調整第2期、調整第1期、基礎構築
　第2期、基礎構築第1期という順に入れる。

	10月	11月	12月	1月	2月	3月	
	仕上げ期	高校駅伝県予選	調整第1期	回復期	基礎構築第1期	ドリル第1期	上旬
	国体	回復期	調整第2期	調整第2期			
	回復期	基礎構築第1期	仕上げ期	都道府県対抗駅伝		ドリル第2期	中旬
	調整第2期			回復期	回復期		
	仕上げ期	基礎構築第2期	全国高校駅伝	基礎構築第1期	基礎構築第2期	回復期	下旬
			回復期				

注意事項

・回復期は重要であることを意識する

・重要な大会は極力少なくして、小さな競技会は各期分けの中で、その期に応じた心構えで臨む。

エネルギー供給	中距離走者		
	番号	トレーニングの種類	内容
無酸素系	①	スタートダッシュ	30〜50m　×5〜10本
	②	ウインドスプリント（加速慣性走）	70〜150m　×5〜8本
	③	スプリントレペティション	200〜300m　3〜5本
	④	スプリントインターバル	100〜300m　10〜20本
	⑤	スプリントトライアル	50m、60m、100m、150m
	⑥	エアロビクス・スプリントトライアル	200m、300m、400m、500m、600m
	⑦	ビルドアップラン	4,000m〜8,000m
	⑧	レースペースレペティション	400〜1500m
	⑨	エンドレスリレー	200〜400m
	⑩	スピードプレー（変化走）	50'〜60'　100m〜変化
	⑪	ロングインターバル	1,000m×5、1,200m×4、1,500m×3
	⑫	ペースランニング	8,000m〜16,000m
	⑬	ヒルトレーニング	40'〜60'　8km〜16km
	⑭	クロスカントリー	60'〜80'　12km〜16km
	⑮	ロードラン	8km〜16km
	⑯	ジョギング（ゆっくり）	4'30"〜5'00"/km　60'〜80'
		ジョギング（普通）	4'10"〜4'30"/km　50'〜60'
		ジョギング（速い）	3'50"〜4'00"/km　40'〜50'
有酸素系	⑰	LSD	5'00"/km　80'〜

適応期（例）

区分	番号
基礎構築期第1期	②、⑫、⑬、⑭、⑮、⑯、⑰
基礎構築期第2期	②、③、④、⑤、⑥、⑦、⑫、⑬、⑭、⑮、⑯、⑰
ドリル第1期	②、③、④、⑤、⑥、⑦、⑫、⑬、⑭、⑰
ドリル第2期	②、③、④、⑤、⑥、⑦、⑫、⑬、⑭
回復期	②、⑤、⑫、⑭、⑯
仕上げ期	①、④、⑤、⑥、⑦、⑧、⑨、⑯
調整第1期	④、⑤、⑥、⑦、⑧、⑨、⑩、⑫、⑯
調整第2期	②、⑧、⑨、⑩、⑫、⑯

長距離走者			エネルギー供給
番号	トレーニングの種類	内容	無酸素系
①	スタートダッシュ	50m×5本	↑
②	ウインドスプリント（加速慣性走）	100 ～ 150m×5 ～ 10	
③	スプリントレペティション	300m×7 ～ 10本、400m×5 ～ 10本	
④	スプリントインターバル	200m×10 ～ 20本、300m×10 ～ 15本	
⑤	1.スピードタイムトライアル	200m、400m、600m、800m	
	2.ハイペースレペティション	400 ～ 1,000m×3 ～ 7	
⑥	1.ミドルタイムトライアル	1000m、1500m、2000m	
	2.ハイペースインターバル	400 ～ 1,000m　×5 ～ 10本	
⑦	1.ビルドアップラン	8,000 ～ 16,000m	
	2.ディスタンストライアル（Ⅰ）、記録会	3000m、5000m	
⑧	1.レースペースレペテーション	1,000 ～ 3,000m	
	2.ディスタンストライアル（Ⅱ）、記録会	10,000m	
⑨	レースペースインターバル	400 ～ 1,000m　×5 ～ 10本	
⑩	スピードプレー（変化走）	500 ～　60' ～ 70'	
⑪	ロングインターバル	2,000m×5、3,000m×4、4,000m×5	
⑫	ペースランニング	10,000 ～ 20,000m	
⑬	ヒルトレーニング	12km ～ 20km　50' ～ 80'	
⑭	クロスカントリー	16km ～ 22km　70' ～ 100'	
⑮	ロードラン	10km ～ 20km	↓
⑯	ジョギング（ゆっくり）	4'30" ～ 5'00"/km　70' ～ 100'	
	ジョギング（普通）	4'10" ～ 4'30"/km　60' ～ 70'	
	ジョギング（速い）	3'50" ～ 4'00"/km　50' ～ 60'	
⑰	LSD	5'00"/km　90' ～	有酸素系

練習計画表［例］佐久長聖高等学校駅伝部

月	日	曜	学校行事	大会・合宿	総体5000m
5	1	木			400m（200m）×10
	2	金	強歩大会		＊日体大記録会
	3	土		強化合宿（富士見高原）	合宿中練習内容別途指示
	4	日			
	5	月		日体大記録会	日体大記録会5000m：村澤、健太、平賀、
	6	火		↓	
	7	水			治療日
	8	木			50'～jog+Sp-T+W-Sp
	9	金			16kmjog+SD50m×6+W-Sp
	10	土			集合後各自練習
	11	日		菅平	1000m×6～8（3'00"-05"）
	12	月			治療日
	13	火			各自40'～jog+Sp-T+W-Sp
	14	水			1000m+400m　+Sp-T+W-Sp
	15	木			40'～jog+SD+W-Sp
	16	金		東信高校総体（上田）	オープン1500m
	17	土			各自jog
	18	日		↓　父母総会	5000m
	19	月			治療日+休養
	20	火			各自jog+Sp-T+W-Sp
	21	水		富岡	2000m（1000m）×3（5'50"）インターバル
	22	木			休養
	23	金			40'jog+Sp-T+W-Sp
	24	土	PTA総会		1000m×5（2'45"～50"）インターバル
	25	日			関東学生選手権　ハーフマラソン・5000m
	26	月		abnスポーツ大賞（村澤）	治療日
	27	火	中間考査		50'～jog+Sp-T+W-Sp
	28	水	中間考査	富岡	400m（200m）×10
	29	木	中間考査		移動　jogまたは休養
	30	金		県高校総体（松本）	各自調整jog
	31	土			1000m×1
6	1	日		↓日体大記録会	5000m決勝
	2	月			治療日+休養
	3	火			40'各自jog+W-Sp
	4	水			12kmjog（外周3'50"-40"）
	5	木			休養
	6	金			40'jog+Sp-T+W-Sp
	7	土		ほたる駅伝	16kmP走（3'40"-30"外周）+W-Sp
	8	日			1200m×4レペ（2'55"-30"）
	9	月			治療日
	10	火			40'各自jog+W-Sp
	11	水			16kmjog+SD50m×6+W-Sp
	12	木			休養
	13	金	10分短縮授業		40'各自jog+W-Sp
	14	土			12kmP走（3'30"）短大内周
	15	日			2000m×2（5'35"）レペ
	16	月			治療日
	17	火			40'jog+SD+W-Sp
	18	水		↑　妙高合宿	移動　400m（200m）×8～10
	19	木	聖祭準備		各自調整jog
	20	金	聖祭	北信越高校総体（富山）	各自調整jog
	21	土	聖祭		1000m×1
	22	日		↓	5000m決勝

7月 5日（土）男鹿駅伝（秋田県男鹿市）7区間42.195km
7月12日（土）・13日（日）国民体育大会長野県予選会（松本平広域公園陸上競技場）
7月26日（土）県中長距離記録会（松本平広域公園陸上競技場）
7月29日（火）～8月2日（土）全国高校総体（埼玉県熊谷市）

総体3000SC	総体1500m	他（主に1年生）
400m（200m）×15	400m（200m）×10	400m（200m）×15
参加者以外は強歩大会（29km）参加	PM：温泉+マッサージ	

太田、大迫

治療日	治療日	治療日
50'〜jog+Sp-T+W-Sp	50'〜jog+Sp-T+W-Sp	50'〜jog+Sp-T+W-Sp
16kmjog+SD50m×6+W-Sp	16kmjog+SD50m×6+W-Sp	12kmjog+W-Sp
集合後各自練習	集合後各自練習	平尾山4時間ウォーク
1000m×6〜8（3'05"-10"）	1000m×5　レベ	W-Up30'jog　1000m×5　C-Do30'jog
治療日	治療日	治療日
各自40'〜jog+Sp-T+W-Sp	各自40'〜jog+Sp-T+W-Sp	各自40'〜jog+Sp-T+W-Sp
1000m+400m　+Sp-T+W-Sp	1000m+400m　+Sp-T+W-Sp	1000m+400m　+Sp-T+W-Sp
40'〜jog+SD+W-Sp	40'jog　+SD+W-Sp	40'〜jog+SD+W-Sp
オープン1500m	1500m	オープン1500m
3000mSC	40'jog+SD+W-Sp	40'jog+SD+W-Sp
オープン5000m	オープン5000m	オープン5000m
治療日+休養	治療日+休養	治療日+休養
各自jog+Sp-T+W-Sp	各自jog+Sp-T+W-Sp	10kmベースjog+Sp-T+W-Sp
2000m（1000m）×3（5'55"）インターバル	1200m×3（2'50"-30"）レベ	2000m×2（1・3本目）
休養	休養	40'jog+Sp-T+W-Sp
40'jog+Sp-T+W-Sp	40'jog+Sp-T+W-Sp	12kmベースjog+Sp-T+W-Sp
1000m×5（2'50"〜55"）インターバル	800m×5（2'12"）インターバル	6000mB-Up　1000m×5　C-Do30'jog
（1部校、2部校）大会観戦　（10kmjog絵画館周回ロード　練習準備）		
治療日	治療日	治療日
50'〜jog+Sp-T+W-Sp	50'〜jog+Sp-T+W-Sp	学習会（14：00〜18：00　館食堂）
休養	移動　400m×3	8000mB-Up+1000m
移動　1000m×2	1500m予選・決勝	4時間平尾山ウォーク
各自調整jog	各自jog	12kmベースjog+Sp-T+W-Sp
3000mSC予選・決勝	90'jog	AM10000mB-Up　PM40'jog
各自jog		3000mタイムトライアル
治療日+休養	治療日+休養	治療日+休養
40'各自jog+W-Sp	40'各自jog+SD50m×8+W-Sp	6000mB-Up+2000m
12kmjog（外周3'50"-40"）	12kmjog（外周3'50"-40"）	10kmjog+Sp-T+W-Sp
休養	休養	休養
40'jog+Sp-T+W-Sp	40'jog+Sp-T+W-Sp	移動　AM：コース下見jog　PM：1km×2
12kmP走（3'40"-30"外周）+W-Sp	8kmP走（3'40"-30"外周）+W-Sp	ほたる駅伝
1200m×4レベ（3'00"-30"）	{800m（100m）+200m}×4レベ	4時間平尾山ウォーク
治療日	治療日	治療日
40'各自jog+W-Sp	40'各自jog+W-Sp	40'各自jog+Sp-T+W-Sp
12kmjog+SD50m×6+W-Sp	10kmjog+SD50m×6+W-Sp	12kmjog+SD50m×6+W-Sp
休養	休養	休養
40'各自jog+W-Sp	40'各自jog+W-Sp	50'jog+Sp-T+W-Sp
10kmP走（3'30"）短大内周	8kmP走（3'30"）短大内周	4時間平尾山ウォーク
2000m×2（5'45"）レベ	300m（100m）×10インターバル	2000m×2
治療日	治療日	治療日
40'jog+SD+W-Sp	40'jog+SD+W-Sp	50'〜jog+Sp-T+W-Sp
移動　30'jog	移動　30'jog	合宿中練習内容別途指示
1000m×2	600m（200m）+300m	
各自調整jog	1500m予選・決勝	
3000mSC予選・決勝	各自jog	
各自jog	90'jog	

D＝スタートダッシュ、W-sp＝ウインドスプリント、Sp-T＝スプリントトレーニング、jog＝ジョギング、B-Up＝ビルドアップトレーニング、C-Do＝クーリングダウン

COLUMN

可能性に壁を作らない

横浜 DeNA ランニングクラブ

館澤亨次

　私から皆さんに、特に中・高校生の皆さんに伝えたいことがあります。それは「自分で自分の可能性に壁を作らないこと」。自分はこれしかできないや、そんなことやったってできないなどと、まだやってもいないことや、挑戦していないことに対して、自分で勝手に判断し、諦めていませんか？　陸上競技を行っている人もそうでない人も、自分の可能性を自分で閉ざすようなことをしていないでしょうか？

　私は大学生のとき、1,500m という種目を春夏のトラックシーズンに、秋冬の駅伝シーズンには駅伝を行っていました。それまで 1,500m を中心に行いながらは、駅伝をやっている人はそれほど多くなかったです。ましてや箱根駅伝となると、距離はハーフマラソンとほぼ同じ。1,500m とハーフマラソンでは、中距離と長距離で、種目のカテゴリーも変わってきます。そのため、体作りや練習メニューなどもガラリと変わり、両立が難しいようにも思えます。

　それでも私は自分がやりたいと思い、挑戦しました。ですが、やはり始めた当初はそれなりに苦労もありました。今だから言えることですが、大学生 2 年生のときは箱根駅伝に出走することを諦めかけたこともあります。

　そんなとき、両角監督に「館澤は自分で壁をつくらないところが良い」と言われました。苦労はしていたものの、1,500m を行いながら箱根も目指す。それを見てくださっていた両角監督の言葉は本当に嬉しく、もう少し頑張ってみようと思えました。

　そして、頑張った結果、2 年生のときも箱根を走ることができ、区間賞は取れなかったものの、それなりの区間順位で走ることができました。この 2 年生のときの結果から、私は今後も 1,500m と箱根駅伝の両立に挑戦し続けようと決めました。

　最終的には箱根駅伝優勝も区間賞も達成でき、1,500m では日本陸上競技選手権大会 2 連覇や日本代表も経験できました。そしてそれによって卒業後の就職先につながる結果となりました。本当にあのとき、やっぱり自分には無理だとあきらめなくて良かったと思っています。

　これを読んでくださっている方で中・高校生の皆さんには、ぜひ、挑戦をやめないで欲しいです。まだ体も精神も成長しきっていないのに、これは自分には無理だとか、あの人にはどれだけやってもかなわないとか、やる前から諦めるのは早すぎると思います。もちろん努力は全て自分の思うように実るとは限らないと思います。ですが、正しい努力を限界

© 陸上競技マガジン

日本陸上競技選手権大会の 1,500m で二連覇を果たす
（第 101・102 回［2017・2018］優勝）。

までやっていると感じるには早すぎると思います。私自身も中学生のころから速かったわけではありません。高校生のときも全国大会の決勝に行けたことはなかったです。それでも自分の可能性を信じて競技を続けた結果、日本一を手にすることができました。

　中学生、高校生のときの私から想像もしていなかったことです。ましてや1,500mの選手ですらなかったです。そんな私が、今このように注目してもらえることも、両角監督の一言である「自分で壁をつくらないこと」。この言葉があったからではないかと思ってます。

　先の人生、何が起こるかわからないので、皆さんも自分で自分の可能性に壁を作らないでください。それが自分自身の可能性を大きく広げることにつながると思います。

走ることを楽しむ

SGホールディングス
佐藤悠基

　陸上競技が、走ることが楽しい。走って1番でゴールしたり、自己ベスト記録で走れたときの瞬間が好き。

　「速く走るためには必要なことは？」「トップレベルで居続けるには？」という質問をされたときには、こう答えます。走ることを目一杯楽しむことが私のモチベーションの一つです。

　競技をやるなら、結果が出たほうが楽しいですよね。そのためにはまずは大きな夢を持つこと。次にその夢を実現するために目標を立て、目標を達成するためにやらなければならないことの計画を立てることが大切だと思います。

　日々のトレーニングでは、自分の今のレベルや体調などを考慮して、適切な量や質で行うことが大事だと思います。やらなさすぎても目標には届きませんし、過度なトレーニングは故障をまねく原因となってしまいます。

　そして失敗を恐れないこと。私がこれまで結果を出してこれたのは、失敗を恐れずに様々なことに挑戦してきたからです。もちろん失敗もたくさんしました。でも大事なのは失敗には成功へのヒントが必ずあり、反省し、次に活かすことだと思います。特に若いうちはどんどんチャレンジして、自分の得意なこと、不得意なことを理解して、新たな自分や可能性に気づく時期だと思います。

2012年ロンドンオリンピックでは
5,000mと10,000mに出場。

©Photo by Michael Steele/Getty Images

トレーニング内容の基準

中・高校生のトレーニングで考慮と注意が必要なことをトレーニングの原則に沿って解説します。

基準となるトレーニング方法

　トレーニングの内容を決めるとき、何を基準とすればいいでしょうか。下の表に示したトレーニングの種類は、多くは先人が成果を上げたトレーニング内容のコピーです。長距離選手としての競技力を向上させるために、先人が試行錯誤し、その経験から生まれてきたのものです。たとえコピーであったとしても、決して間違った行い方ではなく、一般的な練習内容として正しいものですから、自分の置かれている環境や個別性を考慮して、自分に合ったトレーニングに変えます。

トレーニングの種類とその効果

期待できるトレーニング効果	トレーニングの種類
最大酸素摂取量の増大	インターバルトレーニング、ペースランニング、持久走
酸素消費量の軽減	レペティショントレーニング、ペースランニング
最大酸素負債量の増大	スプリント走、スプリントインターバルトレーニング、スプリントレペティショントレーニング、ミドルタイムトライアル
負荷中の酸素負債焼却能力の向上（ゆさぶり抵抗力）	オーバーペースラン、レースペースラン
＊AT能力（無酸素性作業閾値）の向上、乳酸発生開始点の向上	ディスタンスレペティショントレーニング（2000m、3000m×2〜3）、閾値走（AT閾値ペースランニング）、超長距離走
耐乳酸能力の向上	ハイペースインターバルトレーニング
乳酸回復能力の向上	超回数レペティショントレーニング
筋グリコーゲンの回復力	2回、3回/日トレーニング

運動強度の基準は AT

　では、運動の強度は何を基準とすればいいでしょうか。筆者は AT ＝無酸素性作業閾値（anaerobic threshold）を基準として、高校と大学で指導をしてきました。AT を理解し、練習の無駄を少なくして、確実に力を上げましょう。

　では、AT について説明します。運動するとき、強度が増すに従って、運動のエネルギー源は脂肪から筋肉内のグリコーゲンに変わっていきます。これは、有酸素系エネルギー供給機構で生成されるATP（アデノシン三燐酸：筋肉を動かすときのエネルギー源）だけでは運動に必要なエネルギーが不足するため、無酸素系エネルギー機構が働き始めるからです。

　無酸素系エネルギー機構でグリコーゲンを燃焼し始めると、しだいに乳酸が蓄積して筋活動に支障をきたします。この急激に乳酸が蓄積しはじめるポイントが AT です。有酸素運動と無酸素運動の境界線といえます。ただし、線というよりも閾値（ゾーン）であり、タイムに換算すれば幅があります。

　AT レベルの持続走（ペースランニングなど）を繰り返すことにより、乳酸の蓄積を遅らせることができ、乳酸の発生を抑えてより速い速度で走ることが可能になります。

　AT 値は最大酸素摂取能力や代謝系の評価の指標となります。AT 値が高いということは、より高強度の運動においても有酸素性エネルギー供給がされ、乳酸を蓄積せずに（疲労せずに）運動し続けることが可能で、持久力が必要となる競技においてパフォーマンスが高いということになります。

ベストタイムと AT ポイント

　AT は閾値であるので、正確なタイムというよりタイムに幅があります。研究者たちの過去の研究データから、5,000 m の自己ベストタイムのほぼ 92.5％の速度が AT 閾値であるといわれています。よって、このペースでのペースランニングが AT ポイントの引き上げに有効な手段です。ただし、ペースランニングの距離は選手に合わせて調整されるべきです。

例）5,000 m のタイムが 15 分 00 秒の選手の AT 閾値を 1,000 m のタイムに換算します。1,000 m の平均速度は 3 分（180 秒）、分速 ≒ 333 m です。その 92.5％の速度ですから、

$333 \times 0.925 ≒ 308$ m／分

分速 308 m なので、

60 秒：308 m ＝ X：$1,000$m

$308X = 60,000$

$X ≒ 194.8$ 秒 ＝ 3 分 14 秒 8

　5,000 m が 15 分 00 秒の選手は、3 分 14 秒 8 程度のペースで乳酸が急激に増え始める AT ポイントであると予想できます。

　こうして自己ベストから AT ポイントを予測して、そのペースを考慮しながらペースランニングを行うようにします。

　ただし、あくまでデータの集計結果で個別性を無視したものですので、タイムは参考にとどめ、実際に走ってみて調整してください。

AT ポイントと心拍数

AT ポイントを心拍数から予測することもできます。

AT ＝〔最大心拍数（220 － 年齢）－ 安静時心拍数〕× 0.75 ＋（安静時心拍数）

0.75 は定数です。つまり AT は運動強度でいうと 75％あたりです。ただし、鍛練者のこの数字はもう少し高く、弱練者は低めです。

例）18 歳の選手で、安静時心拍数が 60 拍 / 分の選手の AT を計算式から予測します。

｛(220 － 18) － 60｝× 0.75 ＋ 60 ＝ 167

平均心拍数 167 拍が AT ポイントとなります。

AT ポイントと自覚的運動強度

タイムによる予測も心拍数による予測も、多数のデータから導き出された推定値です。両者を比較して、実際に走ってみて（自覚的運動強度）、AT ポイントを見つけることを勧めます。

まずゆっくりと走りはじめ、徐々にスピードを上げていきます。はじめのうちは楽なのですが、突然苦しさが増すポイントがあります。走っていて楽なスピードでは、疲労物質である乳酸が蓄積されることはありません。

しかし、あるスピードに達すると、乳酸が蓄積されはじめ、さらにそれ以上のスピードで走ると、どんどん苦しさが増してきます。自覚症状としては「息づかいがゼーゼーと荒くなる」「脚が重くなる」などです。さらにそれ以上のスピー

ドで走ると、ますます苦しさが増します。AT ポイントは、おおよそ、そのゾーンです。

AT ポイント以上では二酸化炭素の排出が多くなるので、特に「ゼーゼーと息づかいが荒くなる」ときのペースが AT ポイントと予測できます。

その他の測定法

微量の血液を採取して乳酸値を測ったり、呼気ガスを採取して吸っている酸素と吐いている二酸化炭素の量から AT を測定する方法などがあります。いずれも専用の機器が必要で、大学などには用意されていますが、中・高校生には身近な測定方法とはいえないので、ここでは詳細は省きます。

お勧めは心拍数測定

トレーニングを計画し、実行するうえで、トレーニング強度を何を基準にするか。これが曖昧な選手や指導者が多いことに驚かされます。「カン」や「感覚」は間違いとは言い切れませんが、トレーニングの効果をより確実にするために運動強度の基準、特に距離やタイムを設定する場合の運動強度の基準を持ちましょう。

筆者は、心拍数の測定により運動強度を知るやりかたが比較的正確で、最も簡易で、継続性が持てると考えています。

現在、腕時計型の心拍数を測定できるランニングウォッチがあり、これはお勧めです。ぜひトレーニングに活かしてください。

トレーニング中に頸動脈に指先を当てて一定時間の心拍数を計り、1分間あたりの心拍数に換算して、記録する。

ヘモグロビン、赤血球、白血球などの数値を測定する機器。

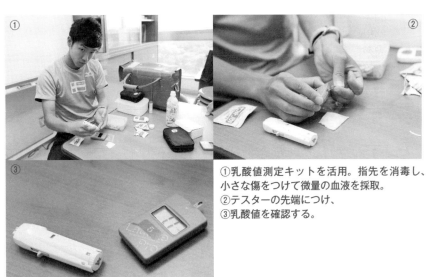

①乳酸値測定キットを活用。指先を消毒し、小さな傷をつけて微量の血液を採取。
②テスターの先端につけ、
③乳酸値を確認する。

800mのトレーニング

800mは、中学男女、高校男女、そしてシニアに共通する種目です。陸上競技の「中距離競走」は主に800mと1,500mを指します。

1,500mとの違いは大きい

800mと1,500mの両種目は「中距離走」と総称されるものの、大きく異なる種目であると考えられます。

下の表を見てください。2種目にわたって50傑に挙げられる選手の数を示しています。800mと1,500mの両種目で50傑に入っている選手の数がほぼ一ケタ台という一方で、400mと800mの両種目で50傑に数えられる選手がいることが注目されます。

さらに、右ページの図を見てください。陸上種目の世界記録における走行距離と平均速度をグラフにしたものです。1,500mのところで線が大きく方向を変えています。これはスピードと距離の相関関係が1,500mからは長距離の傾向にあることを示しています。

また、800mで2分を切るために

は、中距離専門走者の場合、400mで最低54秒を切らないと困難と思われます。短距離走者の場合は、400mを51秒00で走れても、800mでは2分を切れないようです。長距離走者であれば、400mを55秒くらいで走り、800mで2分を切るランナーがいます。つまり、800mは有酸素的な要素を多分に含んでおり、高いスピードも求められます。

レースにおいては1周目を59秒、2周目を61秒で走って、2分ちょうどです。オーバーペースで走ると2周目が走れなくなります。1周目を楽に走らなければ、2周目のスピードは落ちます。1周目を楽に走って2周目を全力で走っても、たいていは1周目の方が良いタイムです。1周目で乳酸がたまらないように走る必要があります。すなわち有酸素運動で1周目を走り、2周目は無酸素運動で走る能力が求められます。

2種目の両方に歴代50傑入りしている選手の数（中学・高校）

選手のタイプ	種目	高校男子	中学男子	高校女子	中学女子
400m型	400m	1	0	5	5
	800m				
1,500m型	800m	6	7	7	15
	1,500m				

このことから、短距離走者が800mで記録を出せないのは、無酸素運動で走る習慣がついており、800mでも1周目から無酸素運動で走ってしまうことが、いい記録が出せない理由と考えられます。短距離走者が800mで記録を出すには、有酸素運動を中心としたトレーニングスタイルに移行する必要があります。

一方、長距離走者は、400mの基本スピードを上げることが大切になってきます。高校生で全国大会に出場するには100mの加速走で10秒7〜8くらいのスピードが必要です。1500m、800mランナーの場合、6割が持久力、3割がスピード持久力、1割がスピードのトレーニング、そして400m、800mランナーの場合、4割が持久力、3割がスピード持久力、3割がスピードのトレーニング、

これが800mの有酸素的、無酸素的なトレーニングの割合だと考えます。

日本の高校生の約8割が1,500m、800mのランナーで400m、800mのランナーは2割くらいです。より多くの400mのランナーが800mにチャレンジしてほしいと思います。400mハードルでオリンピックに出場した苅部俊二選手は、400mが45秒57、400mハードルが48秒34、800mが1分48秒04です。400mの走力から見れば、800mはもっと走れてもいいでしょう。それにはやはり、持久的トレーニングを増やさなくてはいけません。

以上のことから800mは独立した一つの種目と考えて、成果を求めるのであれば、800m競走に絞ったトレーニングをしましょう。

陸上種目の世界記録における走行距離と平均速度

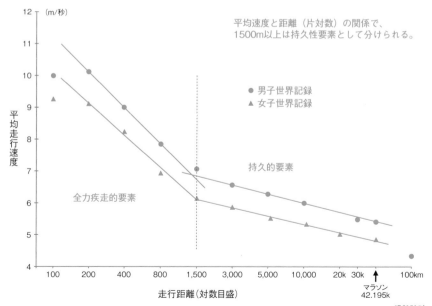

資料提供：東海大学名誉教授　岩垣丞恒（イワガキスケツネ）

800m の技術的ポイント

写真は800mで日本歴代10位以内に挙げられる2選手のフォームです。

それぞれの特徴として、口野武史選手は着地時に腰を沈めて、その後大きく脚を振り出すストライド走法です。横田真人選手は腕を大きく引き込み、脚をしっかり引きつけるピッチ走法です。

このように2人の一流選手の動きは見た目にも異なり、「こうでなくては速く走れない」と断定できるランニングフォームはありません。それは体形の違いからも同じフォームにならないことは容易に想像がつきます。

そこで、記録を出すのに「適している動き」という観点から、理想的なフォームについて説明します。最も特徴的なのが前傾姿勢をとっていることです。これは前方へ力強く進む推進力を逃がさない意味で、非常に重要な技術です。

前傾姿勢が取れている最大の要因は、足の接地（キャッチ）にあります。写真のつま先を見ると、地面と平行な位置にあります。これはフラットな接地もしくは比較的つま先寄りで地面をキャッチしているからです。この接地により、体の軸は地面に対して垂直よりやや前方に傾きます、これが前傾姿勢を生んでいるのです。

接地は地面を蹴り推進力を生む大切な動きですが、同時にブレーキ動作も含まれます。つま先を立ててかかとから接地すると、垂直軸が後方に傾きやすく、大きなブレーキをかける状態となり、力を大きくロスします。その意味で横田選手のようにつま先接地（トゥストライク）の選手は、接地によるブレーキを最小限に抑えられ、軸が前傾することから、次への動作の導入が早く、スムーズに加速していけるのです。

筆者は中距離走者のランニングフォームにおいて最も重要なことは、このトゥストライク走法を身につけることだと考えています。

800m のランニングフォーム（180m 地点）

口野武史選手

横田真人選手

800mの戦術

スタートから200mまで

800m競走は、スタートしてセパレートレーンで100m走った後、バックストレート入り口でオープンレーンになります。このとき、第3コーナーの入り口を目指して、直線的に走るのが理想的です。この200m地点でどのような位置取りができているかで、以降のレース展開に大きな違いが生まれます。勝負を意識するのであれば、200m地点では、外側2番手の位置取りを目標とするのがいいでしょう。

レースにおいてレーンの内側を走ることは、距離的にはメリットがありますが、戦略的には四方をふさがれるかたち（ポケット）になりやすく、デメリットが生じます。スタート時に内側を走るランナーは相手が見えやすくスピードを調整しながらオープンレーンに入ることができますが、ポケットされやすくなります。

一方、外側のランナーは、相手が見えないのでスタートダッシュをかけなくてはいけないのですが、オープンレーンになってからは比較的思い通りのポジションをとることができます。

スタートレーンで注意すべき点をまず頭に入れ、そして200m地点で自分はどこに位置取りをしたいのか、ある程度決めてレースに臨みましょう。

200mから600mまで

200m地点からは選手どうしが近い位置におかれ、時に激しくぶつかり合うこともあります（故意にぶつかり合うことは失格の対象になります）。800m競走

では選手どうしの位置取りは常につきまとい、自分の得意とするレース展開に持ち込むために皆必死で位置取りをします。

位置取りで大切なのは、無駄な距離を走らないという点です。特に曲走路で選手を外側から回り込むように抜くと、距離的に大きく損をすることになります。ペースが速いと感じられるときは曲走路で抜くのはやめて、直線路で抜きましょう。ポケットされてもあわてずに、「すき」を見つけて素早く動くことが大切です。

600mから700m

ラストスパートの準備段階です。ラスト200mでのスパートは理想的な作戦ですが、全体の4分の1の距離を残して逃げ切ることは、よほど力が突出していなくては不可能です。ここではまだ余力を残して相手の出方をうかがうべきでしょう。その場合の位置取りは前方です。そして、最後の曲走路では余力を残す意味でも内側2番手に位置しましょう。

700mから800m

ラストスパートです。ピッチを上げることを意識して、体に余分な力みが生じないように気をつけてください。勝つイメージをもって、勇気を出して思い切ってスパートしましょう。そして、フィニッシュラインを越えるまで、力を抜かないことが大切です。接戦であるほど、見た目で判定することは難しくなります。最後まで力を出し切ることが大切です。

注）レースは生き物です。自分の力量やライバルとの力関係でレース展開は違ったものになり、予測不可能なことも起り得ます。ここで述べた戦術は一例です。

800m のトレーニング計画

　私達の生活は「1年間」というサイクルで物事が進んでいます。トレーニング計画を立てるときも、最も大きな目標（競技会）を軸に、1年周期で考えて組み立てていきます。

　8月のインターハイや全国中学陸上を一番に考えて組むと、
①鍛錬期（冬期：1〜2月）
②調整期（移行期：3〜4月）
③試合期（5〜8月）
の大きく3つに分け、トレーニング計画を立てていきます。

　この期間に当てはまらない部分は、休養、またはロードレース、駅伝大会、クロスカントリーレースなどにあてるようにしましょう。また、南北に長い日本列島ですから、期間をずらす必要のある地域もあります。

①鍛錬期（冬期：1〜2月）
　鍛錬期においては、基礎体力の維持と向上、ケガをしない体作りを目的とします。したがってスピードを上げるような練習は控えて、距離を伸ばしたり、サーキットトレーニング、補強運動などを多く取り入れます。
　また、冬場に多く行われる駅伝やクロスカントリー大会、ロードレース大会などにも参加しましょう。

②調整期（移行期：3〜4月）
　調整期（移行期）は、主に春先のトラックシーズン前を指します。ここで大切な

のは、「脚慣らし」のための競技会（記録会や対校戦など）に参加してレース感覚を戻すことです。
　ただし、自己記録を狙うものではありません。目指す競技会に向けての準備です。鍛錬期の動きの確認など、体との対話が必要なので、トップスピードを出すことばかり考えないようにしましょう。

③試合期（5〜8月）
　試合期は、競技会に向けて最終仕上げをする重要な時期です。
　「練習内容例1」は大切なレースに向けてコンディションを整える例です。適度な刺激（ポイント練習）と、休養のバランスを取りながら気持ちを高めることが大切です。
　そして注意したいのは、ポイント練習時のタイムで満足感を得ないことです。体調や感覚を優先し、タイムを求め過ぎたり、自己記録に近いものが出ても満足してはいけません。あくまでも試合が全てです。
　試合で全力を出し切るためにも、コンディショニングは8割に抑えるような練習をしましょう。

①鍛錬期（冬期：1月〜2月）

曜日	練習内容例1	練習内容例2
月	W-Up＋サーキット＋ドリル	休養
火	クロスカントリー走8〜12km＋補強	8km Jog＋サーキット
水	8km Jog＋ドリル	クロスカントリー走8〜12km＋補強
木	球技（バスケットボール）	W-Up＋ドリル
金	6km Jog＋サーキット＋ドリル	1km×2（3'00" R＝1km Jog）
土	クロスカントリー走8〜12km＋補強	調整Jog（コース下見）
日	休養	駅伝大会3km

＊W-Up＝ウォーミングアップ、サーキット＝サーキットトレーニング、ドリル＝ドリルトレーニング、補強＝体幹補強運動

②調整期（移行期：3月〜4月）

曜日	練習内容例1	練習内容例2
月	8km Jog＋ドリル＋補強	休養
火	ペース走8000m（3'50"）	8km Jog＋ドリル＋補強
水	W-Up、W-Sp（800m＋600m＋400m）×3（間は同距離のJogでつなぎ、Rは10分）、SD50m×6	W-Up、W-Sp（400m＋300m＋200m＋100m）×3（間は同距離のJogでつなぎ、Rは10分）、SD50m×6
木	軽めのJog	6km Jog＋ドリル
金	ビルドアップ走4000m（3'30"〜3'10"）＋補強	休養
土	インターバル走400m×10（70"）　R＝200m（60"）	1000m×1（2'50"）
日	休養	記録会（800mまたは1500m）

＊W-Sp＝ウインドスプリント、SD＝スタートダッシュ、R＝リカバリー

③試合期（5月〜8月）

曜日	練習内容例1（総体など予選あり）	練習内容例2（予選なし）
月	休養	6km Jog＋W-Sp 100m×5
火	6km Jog＋ドリル	レペティショントレーニング　600m＋400m＋300m＋200m　R＝5〜7分
水	軽めのJog＋補強	6km Jog＋ドリル
木	W-Up 300m×3　R＝1分（48"、45"、42"）	調整Jog
金	調整Jog＋W-Sp 100m×4	W-Up　400m＋200m　R＝200m jog（60"＋27"）
土	800m予選・準決勝	競技会800m
日	800m決勝	休養

1,500m のトレーニング

1,500m は、中学男女、高校男女で実施されており、800 mとともに中距離走の主軸となる種目です。ジュニアからシニアまで共通しており、専門とするなら長期的な視野で取り組めます。

長期的に取り組みたい競技

　1,500m は質の高い持久力とスピードの切り替えが求められる種目。将来大成するに必要な要素を多分に含んでおり、中・高校生はじっくりと 1,500 mに取り組めば、将来への期待が膨らみます。

　諸外国ではこの 1,500 mをジュニア選手育成の柱としており、人気が高い種目です。8名で行う 800 mと異なり、16 名前後で行われるので、レースの早い段階で最適なポジションを獲得することが重要になってきます。

1,500m の戦術

スタートから 300 mまで

　スタート直後は互いに無理なポジショニングを避けて、転倒に気をつけなくてはいけません。技術的に未熟な中・高校生のレースでは、スタート直後に転倒するケースが多くみられます。ケガの危険性があるばかりか、転倒からのレース復帰は困難で、大きく優勝争いから遅れをとることになります。

　特に外側スタートの選手は、集団の外側のほうが安全であることを認識して、強引にインレーンに入らないように注意

しましょう。

　そしてより優位に立つべく前方にポジショニングを取るのであれば、スタートダッシュを躊躇せずにかけるべきです。

300 mから 800 mまで

　この距離で集団の先頭付近に位置することは有利ですが、勝つために必要な絶対条件とはなりません。注意すべき点として、スローペースの場合は、インレーン後方に位置すると、上位をうかがえるチャンスをなかなか作れないことがあります。スローペースの場合は、早めにアウトレーンに出て、直線で上位に位置しましょう。ラストにキレのない長距離タイプの選手は、2周した800m付近で積極的にレースを動かしましょう。

800 mから 1200 m

　ラストスパートの準備段階です。ラスト 200 mでのスパートは理想的な作戦ですが、無酸素パワーで逃げるにはかなりの余力がないと勝てません。よほど力が突出していなくては不可能です。ここではまだ余力を残して相手の出方をうかがうべきでしょう。その場合の位置取りは前方です。そして最後の曲走路では余

力を残す意味でも内側2番手に位置しましょう。

1200mから1500m

ラストスパート。1200mで1回ペースアップ、残り100mで再度ペースアップ、2段切り替えの力が必要です。練習でも2段切り替えの練習をしましょう。

1,500mのトレーニング計画

①鍛錬期（冬期：1月〜2月）

鍛錬期においては、基礎体力の維持と向上、ケガをしない体作りを目的とします。中距離ということで800mと基本的には同じでもかまいませんが、将来長距離に移行したい気持ちのある選手は、ゆっくりとしたペースで距離を伸ばして走りましょう。トレーニングの全面性から、サーキットトレーニング、補強運動、球技、水泳などを多く取り入れ、また、冬場に多く行われる駅伝やクロスカントリー大会、ロードレース大会などにも参加するなど、幅広くかまえて、持久力とパワーの向上を狙いとしましょう。

②調整期（移行期：3月〜4月）

調整期（移行期）は、主に春先のトラックシーズン前を指します。季節が冬から春に変わるこの時期は、気温の上昇とともに心も体も動きやすくなり、徐々にスピードを上げて走ることのできる準備が整い始めます。800m同様に、完全にスピード練習に移行していない状況でも、「脚慣らし」のための競技会（記録会や対校戦など）に参加してレース感覚を戻すことです。

ただし、自己記録を狙うものではありません。目指す競技会に向けての準備ですので、鍛錬期の動きの確認など、体との対話が必要なので、トップスピードを出すことばかり考えないで、計画的に段階を踏むように心がけましょう。

③試合期（5月〜8月）

試合期は、競技会に向けて最終仕上げをする重要な時期です。ここでも800mと考え方は同じです。「練習内容1」（124ページ）は大切なレースに向けてコンディションを整える例です。適度な刺激（ポイント練習）と、休養のバランスを取りながら体と気持ちを高めることが大切です。

そして注意したいのは、ポイント練習時のタイムで満足感を得ないことです。体調や感覚を優先し、タイムを求め過ぎたり、自己記録に近いものが出ても満足してはいけません。あくまでも試合が全てです。試合で全力を出し切るためにも、コンディショニングは8割に抑えるような練習をしましょう。

©Photo by Kiyoshi Ota/Getty Images

スピードに磨きをかけるため、積極的に中距離の大会に出場している田中希実選手（豊田自動織機TC）。2020年日本陸上競技選手権大会1,500mで優勝。

①鍛錬期（冬期：1月〜2月）

曜日	練習内容例1	練習内容例2
月	W-Up＋サーキット＋ドリル	休養
火	クロスカントリー12〜18km＋補強	10km Jog＋サーキット
水	12km Jog＋ドリル	クロスカントリー走8〜12km＋補強
木	LSD90'＋W-Sp	W-Up＋ドリル
金	8km Jog＋サーキット＋ドリル	80'Jog＋W-Sp
土	クロスカントリー走8km〜12km＋補強	スピードプレー60'（3'ごと）
日	休養	休養

＊W-Up＝ウォーミングアップ、サーキット＝サーキットトレーニング、ドリル＝ドリルトレーニング、補強＝体幹補強運動

②調整期（移行期：3月〜4月）

曜日	練習内容例1	練習内容例2
月	10km Jog＋ドリル＋補強	休養
火	ペース走12000m（3'50"）	8km Jog＋ドリル＋補強
水	W-Up、W-Sp（1000m＋600m＋400m）×3（間は同距離のJogでつなぎ、Rは10分）、SD50m×6	W-Up、W-Sp（400m＋300m＋200m＋100m）×3（間は同距離のJogでつなぎ、Rは10分）、SD50m×6
木	軽めのJog	10km Jog＋ドリル
金	ビルドアップ走6000m（3'30"〜3'10"）＋補強	休養
土	インターバル走400m×10（68"）R＝200m（60"）	1000m×1（2'50"）
日	休養	ヒルトレーニング 800m坂×6(r=800m)

＊W-Sp＝ウインドスプリント、SD＝スタートダッシュ、R＝リカバリー

③試合期（5月〜8月）

曜日	練習内容例1（総体など予選あり）	練習内容例2
月	休養	10km Jog＋W-Sp100m×5
火	6km Jog＋ドリル レースペース・レペティション	800m＋600m＋400m＋300m＋200m R＝5分〜7分
水	軽めのJog＋補強	休養または軽いjog
木	W-Up 300m（200m）＋200m×3 R＝2分（48"、45"、42"）	50'Jog＋W-Sp
金	調整Jog＋W-Sp100m×4	ペースランニング8000m
土	1500m予選	スプリントインターバル300m×10 R＝100m
日	1500m決勝	休養

COLUMN

低酸素トレーニング
酸素運搬能力の向上を目的とするトレーニング

　皆さんは、「高地トレーニング」という言葉を耳にしたことがあるでしょうか。中長距離で活躍している、東アフリカの選手達の多くが、標高の高い「高地」と呼ばれる場所で生まれ育ち、そしてトレーニングをしています。標高の高い場所は、平地と比較して酸素濃度が薄いので、平地で暮らす人が高地に行くと、息苦しくなったりします。そのような場所では、平地で行う運動強度でも、酸素が十分に供給できないのでかなり息苦しくなり、場合によっては運動を中断しなければいけません。この苦しい状況を、日常的に取り入れてトレーニングしているのが、東アフリカの選手たちです。彼らは標高にすると 2,300 ～ 2,800 ｍの高地に暮らし、そこでトレーニングすることで、心肺機能が鍛えられて、同時に血液中の酸素運搬能力を担うヘモグロビンが増えたり、大きさが変化したりして、高地に体が適応していきます。この状況下で鍛えた体をもってして、平地で競技会があれば、平地は高地より酸素濃度が高いので、たくさんの酸素を体に送り込むことが可能となり、高い持久力を獲得でき、感覚的には呼吸が楽に感じるのです。

　日本では標高が 2,000 ｍを超えるような場所で生活をしている人はごくわずかで、ましてやスポーツのトレーニングのためにそのような場所で暮らしている人はいません。世界的に見ると、アフリカ、スイス、アメリカ、中国などの限られた標高の高い場所で、トレーニングをしている中長距離の一流選手は多いのです。日本にも 2,000 ｍを超えるトレーニングエリアはあるのですが、生活に制限のある場所であることから、長期滞在が難しく、比較的短期間のトレーニングに使われています。持久力は、身につきにくく失われやすい特徴があるので、こうした高地トレーニングも長期滞在が可能であってこそ効果が期待できます。

　そこで考え出されたのが、低酸素室トレーニングです。密閉された部屋の酸素濃度と気圧を低くすることで、平地にいながら、その部屋は簡易的な低酸素状態となり、その中で生活したり、トレッドミルやエアロバイクでトレーニングをしたりします。写真は、筆者が指導する東海大学の低酸素室です。ここでは標高 3,000 ｍと同条件の環境が作り出せて、選手はそこで高地トレーニングをしています。こうした施設を備えた大学はごくわずかで、中・高校生の皆さんにはほとんど縁がないものです。東アフリカ勢が活躍できている要因の一番目に、この高地でのトレーニングを挙げる研究者やコーチがほとんどです。それにならう形で、東アフリカ勢以外の選手も、様々な形で高地を求めてトレーニングを行っています。今や高地トレーニングは世界基準です。高地トレーニングなしに、長距離競走でメダルを獲得することはできないと言っても、決して過言ではありません。

　高地トレーニングは体への負担が大きいので、誤って事故を起こしてしまう可能性もあります。高地トレーニングが身近でない中・高校生には、詳しい内容には触れず、興味を抱いてもらう程度にとどめます。

3,000mのトレーニング

3,000mは中学男子、高校女子で実施され、U18世界選手権では男女、U20世界選手権では女子が実施しており、ジュニアからシニアへと移行していく種目です。国体では中学3年・高校1年男子、駅伝では中学女子も3kmを実施しており、この距離は中・高校生の長距離種目の柱といえます。

レースの主導権を握る

3,000mは、1,000mごとに序盤、中盤、終盤に分けて、トレーニングや競技会での戦術の目安とすることができます。

また、2,000m＋1,000mという考えの中では、2,000mまでは余力を残し、残り1,000mからは積極的にペースを上げて、レースの主導権を握るようにします。3,000mの記録としては、中学男子であれば9分を切り、高校女子であれば10分を切りたいところです。

3,000mの戦術

スタートから1,000mまで

あわてずにスタートしてレースの流れに乗ります。スタート直後の200mほどはペースが速いものです。ペースが落ち着いたところで上位をうかがうのも手です。1周（400m）を何秒で通過したか、ここで走りを調整しなければいけません。レースは競走相手を伴うので、思惑通りに進まないことが多いものです。特に1周目は良いポジションを取ることに夢中となり、ペースを無視しがちです。予定より早いタイムで1周目を入ってし

まった場合は、「やばい…」とネガティブな気持ちになり、一気にペースを落とすのではなく、1,000mの予定通過タイムと比較して、落ち着いて調整しましょう。予定より1周目が遅かった場合は、あわてて一気にペースアップせず、レースの流れに任せるか、落ち着いて1,000mの通過タイムで調整しましょう。レースは早く入りすぎるより、やや遅く入った方が結果がいい場合が多いようです。

1,000mから2000mまで

この距離で集団の先頭付近に位置することは有利ですが、勝つために必要な絶対条件とはなりません。注意すべき点として、4周を過ぎたあたりで疲労からペースを落とす選手が出始めるので、ここで後れをとらないことです。この1,000mのラップタイムを最初の1,000mのタイムからマイナス5秒程度に抑えたいものです。上位に入るためには、この距離で遅れることは致命的です。勝負所ではないので、周囲の状況を把握できる余裕を持ちながら勝機がうかがえなければなりません。

2000 mから2600 m

　ラストスパートの準備段階です。しかし、ラスト100 mなどのスパート合戦に弱い選手は、ここで思い切り勝負に出るのもいいでしょう。ラストスパートは、その瞬間に全てを出し切るような極端なペースアップや、全身を硬直させた硬い動きでかけないように気をつけましょう。一般的には、ラスト400 m～でのスパートは理想的な作戦ですが、無酸素パワーで逃げるにはかなりの余力がないと勝てません。よほど力が突出していなくては不可能な作戦です。ここではまだ余力を残して相手の出方をうかがうべきでしょう。その場合の位置取りは前方です。相手の息づかいや、フォームの乱れなどをしっかり観察して、スパートのタイミングを計ります。

2400 mから3,000 m

　ラストスパートです。スピードの切り替えが重要です。腕振りを大きくして、ピッチを上げます。オーバーストライド気味に強引にストライドを広げる選手がいますが、実際はペースがほとんど上がっていません。ラストスパートのスピードアップはピッチをあげることです。脚の回転数が上がらなければペースは上がりません。

3,000mのトレーニング計画

①鍛錬期（冬期：1月～2月）

　鍛錬期においては、基礎体力の維持と向上、ケガをしない体作りを目的とします。したがってトラックでスピードを上げるような練習は控えて、距離を踏んだり（長い距離を走る）、サーキットトレー

ニング、補強運動などを多く取り入れます。また、冬場に多く行われる駅伝やクロスカントリー大会、ロードレース大会などにも参加しましょう。

②調整期（移行期：3月～4月）

　調整期（移行期）は、主に春先のトラックシーズン前を指します。ここで大切なのは、比較的長めのインターバルでスピード感覚を養い戻していくことです。スムーズにレースペースに移行できるように、ペースの上げ下げが激しいビルドアップやヒルトレーニングも有効です。

③試合期（5月～8月）

　3,000 mのタイムを上げるのに、2,000 m走を上手に使いましょう。3,000 m 9分を目指すなら、2,000 mで6分を切ることをまず目指します。そして2,000 m＋1,000 m、2,000 m＋600 m＋400 mなどで合計が9分になるように仕上げていきます。練習内容をみても目標が明確ですし、取り組みやすいと思います。

①鍛錬期（冬期：1月〜2月）

曜日	練習内容例1	練習内容例2
月	LSD90分	休養
火	クロスカントリー14〜18km＋補強	10km Jog＋サーキット
水	16km Jog＋ドリル	クロスカントリー走8〜12km＋補強
木	軽いJog	10〜12km Jog
金	12km Jog＋サーキット＋ドリル	2000m＋1000m
土	クロスカントリー走10〜12km＋補強	調整Jog
日	休養	ロードレースまたは駅伝大会

＊W-Up＝ウォーミングアップ、サーキット＝サーキットトレーニング、ドリル＝ドリルトレーニング、補強＝体幹補強運動

②調整期（移行期：3月〜4月）

曜日	練習内容例1	練習内容例2
月	10km Jog＋ドリル＋補強	休養
火	ペース走16000m（3'50"）	8km Jog＋ドリル＋補強
水	1000m×5〜7インターバル（r＝400m）	ロングインターバル2000m×3（r＝800m）
木	軽めのJog	10km Jog＋ドリル
金	ビルドアップ走6000m（3'30"〜3'10"）＋補強	クロカン8〜12km
土	ディスタンストライアル5,000m	50'Jog＋W-Sp
日	休養	ヒルトレーニング　800m坂×8（r＝800m）

＊W-Sp＝ウインドスプリント、SD＝スタートダッシュ、R＝リカバリー

③試合期（5月〜8月）

曜日	練習内容例1（総体など予選あり）	練習内容例2
月	休養	10km Jog＋W-Sp100m×5
火	16kmクロカンJog	レースペース・レペティション2000m×2　r＝10分
水	400m×10〜12インターバル	休養または軽いJog
木	休養	休養
金	調整Jog＋W-Sp100m×4	ペースランニング8000m
土	1000m×1（レースペース＋5秒）	ハイペースインターバル1000m×7（r＝400m）
日	3000m決勝	休養

5,000m のトレーニング

5,000m は高校総体で高校男子が、U20 世界選手権で男女で実施されており、高校男子の長距離走ではいちばんの目標になる種目でしょう。

記録更新が目立つ種目

　5,000m では、多くの高校男子選手が15 分を切っており、14 分台で走ることも一つの目標です。

　最近は高校生でも 13 分台で走る選手がいます。その場合の 3,000 m の通過が 8 分 20 〜 25 秒ですので、3,000 m を 8 分 15 秒程度で走ることのできるスピードが必要です。

　400 m×10 〜 15 m、1,000 m×5 のインターバルトレーニング、2,000 m×2 〜 3 のレペティショントレーニング、3,000 m のディスタンストライアルなど、積極的にペースを上げていくことで、5,000 m のタイムを上げることができます。

5,000m の戦術

スタートから 1,000 m まで

　あわてずにスタートして、レースの流れに乗ります。参加人数が多い場合は 2 段スタートになります。距離は同じですので有利不利はないのですが、インスタート（内側）はアウトスタート（外側）の出方がうかがえるので走りを調整できます。100 m 走ったところで合流するので、外側の選手は一気にインレーンに入らず、直線的に第 1 コーナーを目指し

ます。また、スタート直後の 200 mほどはペースが速いものです。3,000 m のレース同様、400 m の通過タイムをどう受け止めるかが重要です。このレースの目標の記録から最初の 400 m の通過タイムを予測して、そのタイム差から走りを調整します。

1,000 m から 3,000 m まで

　この距離で集団の先頭付近に位置することは有利ですが、勝つために必要な絶対条件とはならないので、落ち着いてレースの流れが目標に合ったペースなのかどうか、また記録ではなく順位を目指すときは、自分が自信を持ってレースができているか、常に先頭の様子は視野にとらえていたいものです。注意すべき点として、3,000 m を過ぎたあたりで疲労からペースを落とす選手が出始めます。ここで後れをとらないことです。

　3,000 〜 4,000 m の 1,000 m のラップタイムを、その前の 1,000 m のタイムからマイナス 5 秒程度に抑えられれば、記録への期待が高まります。

　5,000 m は 3,000 m ＋ 2,000 m という考え方の中で、3,000 m まで有酸素的な状態で余力を持つことが重要です。余談かもしれませんが、筆者が指導した高

校生には「高校で伸びたかどうかの一つの目安は、5,000 mのレースの3,000 m通過タイムが、中学の3,000 mベストタイムを上回ったか」ということだと伝えていました。

3,000 mから4,600 m

ラストスパートの準備段階です。優勝争いに参加できる位置は集団の前方です。3,000 mの通過はこのレースの出来を予測する上で非常に重要です。ポイントは3,000 mを予定のタイムで通過できたかと、残り2,000 mで理想の走りができる余力がどの程度あるかです。残り1,000 m以降でのスパートは理想的な作戦ですが、全体の距離の5分の1を残して無酸素パワーで逃げるにはかなりの余力がないと勝てません。ライバルの出方をうかがいつつ、ここではまだ余力を残しましょう。その場合の位置取りは前方です。相手の息づかいや、フォームの乱れなどをしっかり観察して、スパートのタイミングをはかります。自信のある選手は強気にロングスパートをかけるのも良い作戦です。

4,600 mから5,000 m

ラストスパートです。「絶対に勝つ」という強い意志とスピードの切り替えが重要です。腕振りを大きくして、ピッチを上げるようにします。

ラストスパートにここから切り替えなければいけないという決まりはありません。相手の意表を突いたり、自分の得意とする距離でスパートをかけることになりますが、いずれにしても、はっきりとペースが上がっているとわかるスピード

アップが必要です。

例えば、そこまで3分00秒/kmペース（400 mあたり72秒）で走っていて、明らかにスピードが上がっていてライバルを振り切れる可能性の高いペースアップは、ラスト400 mが64秒です。2分40秒/kmのペースになりますが、3分00秒/kmで5,000 mを走ると15分00秒、2分40秒/kmだと13分20秒のペースです。これだけ極端にペースが上がれば、たいての選手はつくことができません。こういうことを日頃からイメージして練習ができている選手は、ラストに強いものです。トレーニングは何をイメージ（意識）するかも重要で、意識し続けることは、その方向に導かれていくことにもなります。

5,000mのトレーニング計画

3,000 mに準じている部分が多いのですが、5,000 mでイメージしやすい練習内容は次の通りです。5,000 m 14分30秒を目指す、トラック練習の例を挙げます。

①インターバルトレーニング
1. 400 m×10〜12（R＝200 m）68"（50"）
2. 1,000 m × 5（R＝400m）2'52"〜54"（100"）
・合計がおよそ5,000 mになるように設定すれば、上記以外のパターンもあります。
②レペティショントレーニング
1. 3,000m＋2,000m（R＝10分、もしくは平常時心拍数までの時間＋3分）
・タイムの目安（3,000 m＝8'45"、2,000 m＝5'45"）

２．2,000m ＋ 2,000m ＋ 1,000m（R ＝ 10 分、もしくは平常時心拍数までの時間＋ 3 分）
・タイムの目安（2,000 m 5'50"、1,000 m 2'50"）

３．3,000m ＋ 1,500m ＋ 400m（R ＝ 10 分、もしくは平常時心拍数までの時間＋ 3 分）
・タイムの目安（3,000 m 8'50"、1,500 m ＝ 4'15"、400 m ＝ 64"）
・合計がおよそ 5,000 mになるように設定すれば、上記以外のパターンもあります。

③スプリントレペティション
１．400 m × 10 ～ 12（R ＝ 3 分、負荷中に最高心拍数に近づいたら 4 分）
・タイムの目安（64" ～ 66"）

④ビルドアップ（B-Up）トレーニング
8,000 m B － U p ＋ 1,000 m（ R ＝ 400 m）3'25" ～ 3'05" ＋ 2'52"

レースに臨むイメージづくり

　筆者が指導した高校生が 5,000 mのレースに臨むにあたり、筆者は過去のデータを選手に示してレース臨むように指導しました。1,000 mごとのラップタイムから、どのようなタイムの可能性があるかを具体的にイメージさせました。下記がその例（一部）です。

平成20年6月1日（日）　長野県高校総体

	1着　村澤明伸（3年）	2着　大迫傑（2年）	3着　千葉健太（3年）
1000m	2'46"3	2'46"3	2'46"6
2000m	5'38"4　（2'52"1）	5'38"4　（2'52"1）	5'38"6　（2'52"0）
3000m	8'34"5　（2'56"1）	8'34"6　（2'56"2）	8'38"6　（3'00"0）
4000m	11'27"5　（2'53"0）	11'34"1　（2'59"5）	11'42"4　（3'03"8）
5000m	14'20"37（2'52"87）	14'31"41（2'57"31）	14'42"30（2'59"90）

平成20年6月22日（日）　北信越高校総体

	1着　村澤明伸（3年）	3着　千葉健太（3年）	5着　大迫傑（2年）
1000m	2'50"4	2'50"3	2'50"9
2000m	5'40"4　（2'50"0）	5'40"4　（2'50"1）	5'40"9　（2'50"0）
3000m	8'33"0　（2'52"6）	8'33"3　（2'52"9）	8'33"3　（2'52"4）
4000m	11'25"7　（2'52"7）	11'25"4　（2'52"1）	11'25"9　（2'52"6）
5000m	14'09"52（2'43"82）	14'10"69（2'45"29）	14'12"93（2'47"03）

平成20年8月1日（金）・2日（土）　全国高校総体

	予選1組　村澤明伸（3年）	予選2組　大迫傑（2年）	予選3組　千葉健太（3年）
1000m	2'54"1	3'08"1	2'55"4
2000m	5'52"2　（2'58"1）	6'07"5　（2'59"4）	5'51"1　（2'55"7）
3000m	8'43"8　（2'51"6）	9'05"8　（2'58"3）	8'50"1　（2'59"0）
4000m	11'35"8　（2'52"0）	11'58"8　（2'53"0）	11'40"4　（2'50"3）
5000m	14'14"67（2'38"87）	14'41"61（2'42"81）	14'21"99（2'41"59）

	6着　村澤明伸（3年）	7着　千葉健太（3年）	15着　大迫傑（2年）
1000m	2'44"5	2'44"7	2'45"5
2000m	5'30"3　（2'45"8）	5'31"0　（2'46"3）	5'32"5　（2'47"0）
3000m	8'23"9　（2'53"6）	8'23"6　（2'52"6）	8'29"2　（2'56"7）
4000m	11'18"5　（2'54"6）	11'20"3　（2'56"7）	11'31"8　（3'02"6）
5000m	14'04"53（2'46"03）	14'08"27（2'47"97）	14'28"39（2'56"59）

3,000m 障害の トレーニング

3,000 m障害は、高校総体で男子が、U20 世界選手権および U20 日本選手権では男女が実施されています。また、2,000 m障害が U18 世界選手権では男女が、U18 日本選手権では行われていません。

スピード、持久力、跳躍力

3,000m障害は、中距離走者のスピードと、長距離走者の持久力に加え、優れたハードリング技術が必要となる種目です。

3,000 m障害は 28 回の障害物越えと 7 回の水濠越えがあり、その英語名「Steeplechase：スティープルチェイス」の略である「SC」をつけて一般に 3,000mSC と表記されます。

3,000 m障害では、障害物を越えるつど、加速とジャンプが必要となり、走るペースに揺さぶりも生じるので、体力をかなり消耗します。3,000m の走力が基礎となるため、長距離走を得意とするタイプの選手が取り組みますが、障害物を越える跳躍力や脚の振り上げが必要なので、股関節の柔軟性が求められます。通常は長距離走のトレーニングが中心となり、レースが近づくと障害物を跳ぶ練習をします。

ハードリング技術を習得

水濠の通過を含めると 35 回跳躍しなければならないため、ハードリング技術の習得が競技記録に影響を及ぼします。

高校総体などでは、障害物に足をかけずに越える選手はほとんどいませんが、世界大会などではほとんどの選手が障害物に足をかけず、中には水濠も跳び越える選手がいます。

筋力がまだ発達しきれていない高校生は、負担を減らすため、障害物に足をかけたほうがよいと思われます。ただし、35 回跳躍することを考えると、歩数合わせのために減速することは無駄といえるので、左右どちらでも跳べるように練習をしておいたほうがいいでしょう。

平成 23 年度の高校総体で優勝した小林巧選手（長野・下諏訪向陽）は、5,000 mの走力が 14 分 40 秒程度でしたが、両足踏切の器用さで 8 分台の記録を出していました。

3,000m 障害の戦略

高校総体の決勝は 16 名で行われています。スタートから約 70 mの地点に最初の障害物があり、300 mの地点に水濠があります。混雑が避けにくい状況で障害物を越えなくてはならないため、ポジショニングも重要な要素となります。

基本的には外側が安全ですが、障害

物の5分の3はコーナーに位置するため、インレーンが有利であることはいうまでもありません。よってこの種目に自信を持っている選手は、積極的にレースを引っ張るといいでしょう。そのほうがレースに集中しやすく、消耗も少なく、安全のために相手を気にしすぎなくてすみます。

3,000m障害の
トレーニング内容

高校生選手で、3,000m障害のみを専門としている選手はほとんどいません。ですから、通常は長距離（5,000m）の練習が主体となり、その中で次の①、②のような練習をプラスします。

しかし、トレーニングの合間にハードルを跳び越えるだけの練習では不十分です。レースの後半は疲労した状態でハードルを跳ぶことから、「トレーニング例」のような練習を行うようにします。

ハードルに足を引っかけての転倒などがないように、また周囲の安全にも十分に注意して、ケガがないように練習しましょう。

①障害物を越えるトレーニング

3,000m障害のトレーニング用ハードルを用いましょう。110mハードル用のものは足をかけられませんし、安全面で不十分といえます。トレーニングには不向きです。ハードルを1台置いて、30mほど加速をつけて跳び越える練習を繰り返します。

障害物を越える動作はできるだけコンパクトにして、遠くに跳びすぎないように注意し、体力の無駄な消耗を避ける跳び方をしましょう。先に述べたように、左右いず

れの足でも跳び越えられるように、左右とも同じ回数を練習をしましょう。

②水濠を通過するトレーニング

通常のトレーニング環境では、水濠で練習することは難しいといえます。そこで、幅跳びの砂場を利用します。砂場のできるだけ近くにトレーニング用のハードルを置いて、30mほど助走して跳び越える練習を繰り返します。

障害物と水濠を越える際の大きな違いは、水濠での着水は片足にとどめたいため、遠くに跳ぶ必要があるということです。水濠は傾斜がついていて、手前ほど深くなっています。遠くに跳ぶことで水濠通過時に体力を余分に消耗するなどのリスクを避けられます。

水濠越えには強い脚力が必要なため、利き足での踏み切りとなります。利き足で踏み切るには、早くから踏み切り位置を定める必要があるので、早目の加速が必要です。なおかつ、遠くに跳ぶ必要があるので、力強く横木をけりましょう。

トレーニング例1

200m（r＝200m）×15本の練習
スタートから50m、125m、200m地点に3,000m障害練習用ハードルを置いて、インターバルを行う。

トレーニング例2

300m（r＝100m）×10本の練習
スタートから100m、200m、300m地点に障害練習用ハードルを置いて、インターバルを行う。

日常的にハードルに慣れておく必要があります。上記のハードルドリルは3,000m障害に必要な多くの技術を含んでいます。積極的に行ってください。

駅伝のトレーニング

駅伝は、他の中長距離種目が個人競技であるのに対して、チーム競技であり、チームメイトとともに、共通の目標に向かって自分の役割を果たしていくという特徴があります。

長距離の普及・強化に貢献

　駅伝の起源は日本です。たすきという日本固有の「道具」を用いて、地域やチームの団結と帰属意識、それらが競い合うことでの地域間やチーム間の競技力向上と交流を図ります。こうした日本人が持ち合わせる特性や文化に育まれながら、全国各地で地域の特徴を活かしながら発展してきました。

　全国的には90回の歴史を誇る「箱根駅伝」が有名で、実業団駅伝、高校駅伝、中学駅伝など全ての年代で行われます。また、地域間でも全国都道府県対抗駅伝、九州一周駅伝など、全国規模、地方や行政規模でも、様々な駅伝競走が日本各地で行われます。その距離や区間数は様々で、目的や地域に合わせて発展し、全国に幅広く根づいた競技です。

　こうして駅伝が日本長距離走界に及ぼしてきた影響力はたいへん大きなものがあり、多くの競技者が駅伝をきっかけに長距離走を始め、普及と強化に大きく貢献しています。このように日本では、駅伝を中心に長距離走の強化が進められており、一般、大学、高校、そして中学ともに、駅伝での日本一や、それぞれの大会で優勝といった目標に向かい、チームメイトと競い合いながら、個人の力を上げていき、トラックレースなどの個人強化に結び付けています。

取り組むうえでの心構え

・チームスポーツであることを認識して、お互いに協調性を持って取り組む。
・特徴ある各区間において、個人の持つ特性が活きるチームでなくてはならない。お互いの個性の理解を深める。
・監督、コーチ、トレーナー、マネージャー、選手などチームに携わる人の役割を理解して、感謝と尊敬の気持ちを持ち、チームと仲間のために努力をする。
・駅伝固有の良さを理解したうえで、駅伝でしか身につけることのできない力に対して、粘り強い取り組みをする。
・トラックレース期と駅伝期とをきちんと区別して、駅伝一辺倒にならないように注意し、トラックレースでのスピード強化をおろそかにしない。

駅伝選手に求められる資質

　チームスポーツである駅伝には個人競技では得難い特性があります。それを果たすことによって身につけられる力は、

資質として個人に求められる能力です。

①闘争心…仲間と闘争心で結びつき、ライバルに向かっていこう。

②責任感…与えられた区間で最大限自分の仕事をする責任感を持とう。

③調整力…チームスポーツは自分の努力不足が、他人の努力を無駄にしてしまうことがあります。今ある力を100％出すためにも調整力は重要です。

駅伝の戦略

①区間配置…各区間の特徴である、距離とコースの特徴を選手の個性と合わせて配置します。また、準備期間が長ければ、その区間の特徴に合わせた選手の育成をします。駅伝は「先手必勝」といってもよく、区間配置に迷ったら、強い順に選手を並べるくらい先手必勝であるべきです。なぜならば、駅伝も含め勝負には「流れ」があるからです。その流れを早目につかむということは、いい流れを長く保持できることと等しいのです。

②コースの下見…コースを理解することは、選手の力を発揮させるうえで重要です。的確なペース配分は長距離競走全般において重要なことですが、公道を走る駅伝では、コースの特徴が理解できていなければ、ペース配分を決められません。不安要素を減らし、自信を持って臨むための手段でもあります。

③戦力の分析…相手の戦力を、予選の戦い方や、個人レースにおける成績から把握しましょう。例えばそれは、競い合うライバルについて走るべきか、前に出て走るべきかなど、重要なポイントとなり

ます。

④作戦…選手の力量、コースの特徴、ライバルチームの戦力などから、作戦を立ててレースを予測します。理想の形をイメージすることは、戦う方向性を明確にします。

競技中に心がけること

①1区選手は、ライバルの力量と自己の調子や後続選手の力からレース展開を予測し、先頭に立ち2位以下の選手を引き離すのか、先頭の選手から最低限のタイム差でたすきをつなぐのかなど、様々な展開において自分の役割を果たします。

②2区以降の選手は、一般的にはオーバーペースを避け、任された区間の距離をどのようなペース配分で走れば最もよい記録が出るのか、ここがポイントです。よくありがちな、前を走る走者を前半から猛スピードで追い、後半潰れて順位を落としてしまう、これは避けなくてはいけません。

③引き離す、引き離されないは駅伝の醍醐味であり、勝負を左右するポイントです。「駅伝は粘り」といわれるのはこうした走者一人一人の、思いと走りが積み重なりであり、結果に結びついていきます。粘りのある走りが駅伝では重要です。

④1秒を大切にしましょう。最終的に勝負は僅差で決まることが多いものです。また、各区間においての区間賞争いも僅差です。例えば全国高校駅伝では、47チームが出場して、2区3kmの短い

区間では、だいたい 20 秒差間隔の中に 40 人がひしめき合う形になります。そう考えると 1 秒差で区間賞を逃すなどということは常です。1 秒を大切にして、その積み重ねで勝利を呼び込めるようにしましょう。

⑤アンカーは次走者がいません。自分がゴールした順位がチームの成績ですので、責任も重大です。以降の選手で修正ができないので、他の走者よりも状況判断に優れている選手が配置されるべきです。たすきをもらった位置から、どのように走れば、このレースにおいてチームの最高の成績を引き出せるか、様々な判断材料を冷静に見極めてください。

仲間の想いをたすきでつなぐ

① たすきの受け渡しミス

　駅伝のテレビ中継などで「あっ! 選手がいません。たすきが渡せません」と解説者が叫ぶような、たすきの中継ミスをよく見ます。一斉にスタートする日頃の試合と違い、駅伝では前の走者がたすきを持ってきたときがスタートです。予測された中継時刻より 1 〜 2 分前には走れる服装になり、前走者を待ちましょう。

② たすきの受け渡し方法

　前走者がたすきを、輪を開くように両手で広げ、次走者が片手で真ん中をつかみます。片手でたすきを垂らすように渡す行為はよくありません。たすきリレーは、次走者にチームや自分の思いをつないでいくものです。気持ちがしっかりこもったたすきリレーとは、どのような行為なのかを意識し、仲間の思いがつな

がっていくたすきリレーにしましょう。

駅伝のトレーニング計画

　駅伝のトレーニングに特別なものはありません。基本的には長距離の練習になります。個人の部分とチームの部分を理解することで、トレーニングの方法は簡単に見えてきます。つまり、駅伝という結びつきの中で、集団でトレーニングするか、それとも個人でトレーニングするかということです。

　また、駅伝は道路を走ります。事前にコースがわかっていれば、コースの特徴に応じたトレーニングをすることで、有利な展開に持っていけることもあります。箱根駅伝の 5 区のように、上り坂がきついコースなどでは、その特徴を無視してトレーニングを進めることはできません。何らかのコース対策が優位に働きます。

例)佐久長聖高校における全国高校駅伝優勝(高校最高記録)の作戦　第 59 回 平成 20 年度

　前年度、ライバル校の仙台育英高校に同タイムの着差あり 2 位で敗れました。このとき、過去に 2 時間 3 分台で走れば必ず優勝していることから、3 分台の目標通りに走れたのですが、負けました。ならば 2 分台と目標を立て直して、翌年の準備に入りました。

準備段階

① 2 時間 3 分台を 2 分台に引き上げるということは、さらなるスピードが求められる。また外国人留学生対策としても、スピードのある選手を育成しなくてはいけない。そこで、5,000 m の上位 7 名の

平均タイムを歴代最高にする。5,000 m で 14 分 10 秒をメンバー全員が切る。結果的に 7 人の平均タイムは 14 分 02 秒。

②インターハイ 5,000 m 決勝に 3 名全員を進める。このことは、スピードもあるが力もあることを示せる。

③ミーティングを増やし、個々の役割、その時点での作戦などを話し合い、部員が同じ方向を向いていけるように共通理解を深める。レースをイメージさせ、それに必要な取り組みを行いやすくする。

④体調管理を徹底して、安定した体調を作り、たとえ体調を崩したとしても、立て直すのに時間を要さないようにする。

作戦

　138 ～ 139 ページの表を参考にしてください。このように緻密に作戦をたてて、レースを明確にイメージしました。特に、コースの起伏を把握して、1 km ごとのラップタイムを計算して、それに必要なトレーニングをします。

　勝つために必要な記録、それを 7 人の各区間に配分する、さらにそれを 1 km ごとのペース配分に振り分ける、その走りが可能な練習をする。それほど難しい考え方ではありません。

　各区間の特徴に合わせた選手を、選手の個性とともに育成、区間配置する必要があります。ここで監督の采配として重要だったことは、この年から 1 区に外国人留学生を起用できなくなったことです。

　筆者はエースの村澤を 3 区に配置しました。通常エースは 1 区に集まります。

しかし、この年のインターハイ 5,000 m、国体 10,000 m ともに村澤はその実績からマークされ、レースの大半を引っ張り、ラストスパートで敗れました。このことから、村澤を 1 区に配置したら、同じようにマークされ、たいした差もつけることなく終えることが予想できました。

　そこで、2 番手の千葉を起用しました。2 番手といっても千葉はインターハイ 5,000 m で入賞、他校にとってはエース同等の力があります。思惑どおり区間 1 位の選手とさほど差のない 2 位でたすきを渡しました。

　2 区は 3,000 m で 8 分 20 ～ 25 秒の力のある選手が必要です。2km 過ぎまでやや下るこの区間は、あと 1 km が平坦で前半の早い入りが後半の失速を招く場合もあります。よってスピードだけでは対応できません、後半粘れる力のある選手が必要です。

　3 区はチームの主力選手を配置できなくてはいけません。3 区終了時点でレースの半分を終えます。先手必勝の観点から、ここで優勝がみえる範囲になければ、勝負になりません。4 区では優勝争いを確定的にできることが重要です。

　5 区はいちばん差をつけやすい区間です。1 区の 10km より 5 区の 3 km のほうがそのタイム差をつけやすいのです。チーム 7 番目の選手が配置されることの多いこの区間で、3,000 m 障害でインターハイ 2 位、5000 m 14 分 09 秒の藤井を配置できたことは有利で、実際この区間で先頭に立ち逆転しました。

　6 区は起伏とカーブが多くリズムを作りにくい区間です。レースメイクの上手な選手を配置します。

アンカーはラスト勝負に持ち込んだときの決め手として、スピードのある選手を配置します。このとき5,000 m 13分台の2年生大迫を配置できたことで、ライバル校にプレッシャーをかけられました。

第59回全国高校駅伝競走大会　作戦事項および選手

目　標	優勝（2：02'30"） 出だしでつまづく事があっても、慌てることなく冷静に、そして粘り強く追い上げていく。
テーマ	仲間を信じて、自分を信じて強気でレースをしよう。弱気は後悔のもと。
確認事項	①消極的な入りをしない。積極的な入りと、無謀な入りの境目を持とう。 ②1秒を大切にする。1・2秒で区間順位が大きく変わる。区間賞はたいてい僅かな秒差。 ③駅伝は粘り、駅伝レースらしい粘りの走りで感動を！

注意事項
①ライバルを過大評価しない。（しょせん同じ高校生）
②自分一人で決めてやろうで前半オーバーペースにならないように。心の結びつき（チームワーク）で襷リレーをしよう。
③「相手」に勝とうとするのではなく、「己」に勝とう。（最後は必ず自分との戦い）
④苦しくなったら最も感謝すべき人を思い出せ、力が湧く。

区間	距離	目標タイム	作戦事項		選手	実は4区間	参考事項
1	10,000m	29'40"	1～3位		千葉健太	1区 10,000m	留学生はいない、日本人相手なら千葉も実績十分。 ライバル校（西脇・仙台・青森・世羅・埼玉栄）との差。
2	3,000m	8'35" （38'15"）	3位	20" マイナス	松下巧臣	2区 11,1075m	1年生の上野先輩が8'16" 無理に前を追うのではなく、追い抜かれた者に付いて粘り切る。
3	8,107.5m	23'40" （1：01'55"）	2～3位	45" マイナス	村澤明伸		留学生は23'15"程度であろう。村澤は今年の都道府県駅伝の走り、高野先輩のような追い上げを。西脇を捕らえたい。
4	8,087.5m	23'30" （1：25'25"）	2位	15" マイナス	平賀翔太	3区 11,0875m	ここからの4区間は全区間区間賞をとりたい、それが出来るメンバーだ。 残り21kmで慌てることなく冷静に、そして粘り強く追い上げていく。
5	3,000m	8'30" （1：33'55"）	1～2位	マイナス5" ～プラス5"	藤井　翼		自分一人で決めてやろうで前半オーバーペースにならないように。 仲間を信じて自分を信じて残り10km射程距離に差をつめよう。
6	5,000m	14'20" （1：48'15"）	1位	15" プラス	佐々木寛文	4区 10,000m	合計タイム28'35"は1区（登り）最高記録上野先輩の28'54"より19秒速いだけで現実的目標。
7	5,000m	14'15" （2：02'30"）	1位	30" プラス	大迫　傑		残り10km、差が大きかったらとにかく追うしかない。 差が短かったら離されないように徐々に詰めて逆転。
計	42,195m	2：02'30"	1位	2位に30秒以上の差		42,195m	

2時間03分18秒（西脇工業の日本人最高記録更新）

第59回全国高校駅伝競走大会　目標タイム・ペース配分表

目標：2時間02分30秒【2時間02分台への挑戦】

《日本最高　2時間03分18秒・西脇工業》
《佐久長聖高校最高　2時間03分55秒・平成19年》

	1区	2区	3区	4区	5区	6区	7区
1,000m	2'54"	2'45"	2'4 6"	2'50"	2'47"	2'53"	2'50"
2,000m	5'50" (2'5 6")	5'35" (2'50")	5'38" (2'52")	5'42" (2'52")	5'37" (2'50")	5'53" (3'00")	5'42" (2'52")
3,000m	8'47" (2'57")	8'35" (3'00")	8'38" (3'00")	8'3 6" (2'54")	8'30" (2'53")	8'55" (3'02")	8'35" (2'53")
4,000m	11'45" (2'58")	38'15"	11'33" (2'55")	11'35" (2'59")	1:33'55"	11'40" (2'45")	11'30" (2'55")
5,000m	14'47" (3'02")		14'27" (2'54")	14'30" (2'55")		14'20" (2'40")	14'15" (2'45")
6,000m	17'55" (3'08")		17'25" (2'58")	17'20" (2'50")		1:48'15"	2:02'30"
7,000m	21'02" (3'07")		20'25" (3'00")	20'12" (2'52")			
8,000m	23'5 6" (2'54")		23'40" (3'15")	23'30" (3'18")			
9,000m	2 6'50" (2'54")		1:01'55"	1:25'25"			
10,000m	29'40" (2'50")						
計	29'40"						
1km平均速度	2'58"	2'52"	2'5 6"	2'54"	2'50"	2'52"	2'51"
区間最高記録 (日本人最高)	上野裕一郎 28'54"	佐藤清治 7'55"	永井大隆 23'52"	佐藤悠基 22'44"	小島忠幸 8'3 6"	木庭　啓 14'1 6"	森口祐介 13'58"
佐久長聖 区間最高記録	上野裕一郎 28'54"	佐藤清治 7'55"	佐々木寛文 24'05"	佐藤悠基 22'44"	笹崎慎一・藤井翼 8'39"	佐々木健太 14'20"	佐藤清治 14'04"
日本最高記録 西脇工業 (平成9年)	奥田 30'07"	西田 8'14" 38'21"	中尾 24'14" 1:02'35"	清水 23'07" 1:25'42"	藤井 8'44" 1:34'26"	神屋 14'30" 1:48'56"	中安 14'22" 2:03'18"
佐久長聖最高記録 佐久長聖 (平成19年)	村澤明伸 29'46"	長瀬貴幸 8'37" 38'23"	佐々木寛文 24'05" 1:02'28"	千葉健太 23'55" 1:26'23"	藤井　翼 8'39" 1:35'02"	佐々木健太 14'20" 1:49'22"	堂本尚寛 14'33" 2:03'55"

1km	平均2'54"～55"	
↓		
42.195km	2:02'22"～2:03'05"	全国大会優勝争い

目標の2分台、そして日本人最高記録の更新

レースに臨む

競技会当日は、どのような状態で臨めばいいのか、いくつかポイントを挙げて説明します。

行動予定表を作成する

レースは何時何分にスタートなのかを確認し、ここから全てを逆算していきます。右ページの表は午前11時スタートの例です。

細かなところまでリストアップするなら、これ以外の項目もいくつか出てくるでしょう。競技会当日の行動計画表を作成し、自ら書くことで、うっかり忘れたなどということを防止しましょう。

起床時間と食事時間は大切なポイントです。起床後どれくらいで万全に体が動かせるか、食後の消化にどの程度の時間を要するかなど個人差がありますので、自分に合った計画を立てましょう。

太字の項目以外は、時間が決められているわけではありません。したがってそれらの項目は、全て自分で決めて行動することになります。

レースの目標や目的を再確認

競技会場に行くと、その日のレースの目標や目的を意外に見失いがちです。緊張など様々な要因から生じるものですが、レースの目標や目的はかなり前から決まっており、そのためにトレーニングを積み重ねてきたのです。目的意識をしっかりと再確認して臨みましょう。

弱気にならない

競技は勝負です。勝ち負けを競い合い、順番をつけるものです。ここまできたら、弱気は禁物です。どんな状況だろうと負けを意識するなら、勝ち目はありません。レースの臨むにあたり、緊張するのは皆一緒です。競技場に着いたら、レースは始まっています。ライバルと最初に顔を合わせるときに受ける印象が大切です。

忘れ物をしない

レースに最低限必要なものはユニフォーム、ナンバーカード、スパイクシューズ。これらがあれば、レースは可能です。後は各個人で必要なものがあるでしょう。他人に迷惑をかけないように忘れ物には注意しましょう。

フェアプレーの精神で臨む

昨今のドーピングなどに象徴されるように、「勝つためなら手段を選ばない」というように、非道な方法でも勝とうとする競技者がいることは残念です。正々堂々と競い合うライバルがいるからこそ、自分が高められるのです。ライバルを大切にし、敬う気持ちを忘れずにいて

ください。そのためにもルールを守り、マナーを身につけて、選手としてだけでなく人間としても立派であってほしいと願います。

陸上競技をするあなたがた一人一人が、陸上競技の顔です。陸上競技を素晴らしいものにするのは、競技者一人一人の心がけです。

P O I N T

① レースのスタート時刻から逆算し、「行動予定表」を立てて行動する。
② 競技場ではレースの目標や目的を再確認する。
③ 弱気は禁物。ライバルに勝つ気持ちを持って競技場に入る。
④ 忘れ物をしないようにする。
⑤ ルールを守り、ライバルへの敬意やマナーを忘れず、フェアプレーの精神でレースに臨む。

厚底シューズについて

実業団や大学生に限らず、中・高校生のレースでも厚底シューズを着用している選手を多く目にします。厚底シューズはメーカーの努力によって産まれた画期的なシューズといえるでしょう。履き心地や走りやすさはもちろん、好記録が望めるのでは？ということで試したり愛用している選手は多いと思います。

他のシューズと比較して高価なことや、たやすく記録が出るのではないかという懸念から、中・高校生が履き続けることには賛否両論があるようです。

©Photo by Alex Burstow/Getty Images

シューズの機能が上がれば、脚の機能はその分低下するのでは…といわれますが定かではありません。注意したいのは、シューズに頼り過ぎて努力を怠ってはいけないということだと思います。

行動予定表

項　　　目			時　　　刻	
起床			5：30	
朝練習	開始	終了	6：00	6：30
朝食	食べ始め	食べ終わり	6：40	7：00
競技場への移動	出発	到着	8：00	8：20
ウォーミングアップ	開始	終了	9：30	10：20
招集	招集時刻	招集完了	10：30	10：45
競技	開始		11：00	

COLUMN

現1,500mの高校記録保持者佐藤清治選手とは

　現在の1,500mの日本高校記録、3分38秒49は断トツに速い高校記録として、20年以上経過した今もその輝きを放っています。その記録を1999年にマークしたのが、皆さんも一度はその名前を目にしたことのある佐藤清治（さとうきよはる）選手です。長野県佐久市に生まれ育った佐藤選手は、身長184cmの恵まれた体格と、抜群の運動神経で、幼少期からスポーツに親しみ、柔道、スケート、野球で体を鍛えてきました。その素質は中学の陸上競技部の顧問の先生の目に留まり、中学では800mと1,500mの中距離を中心に頑張りました。全中の優勝や、中学記録を出したわけではないのですが、大柄な体格は将来「何かやってくれそうだ…」という期待が十分に持てました。

　筆者がその恵まれた素材の佐藤清治選手と出会ったのは、佐藤選手が中学2年生のときでしたが、その年に佐久長聖高校に着任した筆者は、さっそく佐久長聖高校への進学を勧めました。何しろ、佐久長聖高校に一番近い中学校です。「運命」を感じました。高校入学後の7月、1,500mの記録会に出場した佐藤選手は、3分44秒6の日本高校記録を1年生であっさり破ってしまったのです。その年のインターハイ1,500mに1年生として優勝、以来3年間800mと1,500mでは高校生にも負けなし、現在は破られた800mの1分48秒50も長く高校記録として残りました。

　そんな中距離で高校タイトルを総なめした佐藤選手のもう一つの顔が、長距離も走れる、駅伝も走れるという非常に稀な素質の持ち主だったことです。中距離のトレーニングにおいても、有酸素運動を重視していた著者は、アーサー・リディアードのトレーニング理論を常に用いていたことから、中距離ランナーの佐藤選手にも積極的に長い距離を走り込ませました。そのなかで佐藤選手は、優れた持久的な側面を見せ、著者はそれを駅伝で試してみました。まずは3km、そして5km。最初はトレーニングの一環として出場した駅伝が、いつしか佐藤選手自身を夢中にさせていました。その結果、3,000mの高校最高記録、全国高校駅伝2区区間新記録（7分55秒は断トツの記録として今なお残っています）、都道府県対抗駅伝1区（旧1区は5km）2回区間賞、全国高校駅伝7区区間賞を残しました。3年生の秋には、「高校3年間に一度くらいはトラックで5,000mを走ってみるのもいいかもしれない」と記録会に臨み、初めて走った5,000mでいきなり13分47秒8の日本高校記録を出した、とてつもない選手でした。

　このとき筆者は中長距離の世界において、重要で欠くことのできないものに、「生まれ持った能力」があり、成功するのに最も重要な要素であることに気づきました。佐藤選手には「持って生まれた素質に感謝して、それを最大限に生かす努力をしなさい」と言いました。中・高校生の皆さんにも、持って生まれた能力の差が、結果に及ぼす影響が大きいことを伝えたいと思います。しかし、それにも上限があります、持って生まれた素質に感謝して、それを最大限に生かす努力をしてください。

1999年5月ゴールデンゲームズ延岡で
日本高校記録を樹立した佐藤清治選手

PART4

コンディショニング

家庭や寮でのケア、
故障中のトレーニング方法、
食事のとり方のポイントを理解し、
いいコンディションでトレーニングや
競技に臨んでください。

家庭・寮でのケア

ストレッチングボードを利用

直立する

ストレッチングボード

前屈する

斜めに前屈する

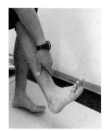

足関節を屈曲

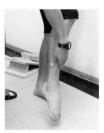

足関節を進展

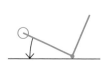

足首の可動域：小

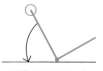

足首の可動域：大

家庭や寮では、ストレッチングやマッサージで、コンディションの維持や回復を図るようにしましょう。

ストレッチで柔軟に

ストレッチングボードは場所をとらず、手近において、気軽にストレッチングができる器具です。壁につけて、その上に直立することでアキレス腱やふくらはぎの筋肉が伸ばされ、血流も促されます。自分に合った角度に調整して行いましょう。

壁から離して、前屈する方法もあります。体をやや斜めにひねるように前屈すると、脊柱起立筋をより伸ばすことができます。

ストレッチングボードは、足首などの関節をやわらかく保つことにも役立ちます。結局のところ、スポーツではいろいろな動きの中で関節のやわらかさが求められます。ケガ防止のためにも、関節はやわらかいほうがいいといえます。

さびている蝶番と油が注がれてスイスイ動く蝶番と、どちらが力が少なくて済むでしょうか。関節が硬いと、それを開くためのエネルギーを使ってしまうので、やわらかい関節を獲得しましょう。

例えば、地面をけるとき、足裏で地面をたたく角度は、足首の関節が硬い選手とやわらかい選手では差ができます。大

きく可動するほうが出力が大きくなるので、足首の関節のやわらかさは重要です。

マッサージで疲労回復を

マッサージは選手の筋肉や神経系の働きを活発にして運動能力を高め、ベストの状態を維持して競技に臨むことを目的に行われます。また、トレーニングにおいては疲労回復を早め、ケガの防止にも役立ちます。

運動中の酸素不足や疲労物質（乳酸など）の蓄積などで、運動後の筋肉は硬くなり、神経が圧迫されれば痛みが生じます。この疲労や痛みをすみやかに取り除かないと、慢性化したり、オーバートレーニングや故障につながることになります。選手にとっては、疲労から早く回復し、質の高いトレーニングをこなすことがレベルアップのためには必要です。

マッサージは血液などの循環を促すことで筋肉に酸素を送りこみ、疲労物質の分解を早めます。筋肉の弾力や関節の可動域は高まります。

さらに、マッサージは副交感神経を活性化して心身をリラックスさせますから、精神的な落ちこみや競技前の過度な緊張をやわらげる効果も期待できます。

写真は、トレーナーによるマッサージ、仲間の選手どうしのマッサージ、そしてシャワーを使って自分で行うマッサージの例です。

自分以外の者の、筋肉の状態を知るという意味で、仲間どうしでマッサージをすることも重要です。筋肉のつき具合、同じ練習をしても自分の筋肉は硬く、相手の筋肉はやわらかい（逆もある）こと、強い選手の場合など、発見があります。

もちろん、疲労回復、コンディション維持を互いに図るという意味もあります。

トレーナーによるマッサージ

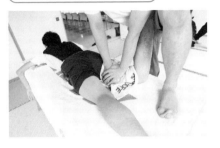

選手どうしのマッサージ

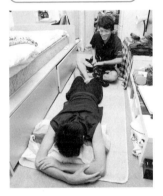

シャワーによるマッサージ

シャワーは静脈の流れにそって足裏、ふくらはぎ、太ももの順に当てる。

故障中のトレーニング

故障発生→安静（24 ～ 48 時間）
• アイシング、マッサージなど必要な応急措置を行う（時間、措置は場合によって異なる）。

▼

受診
• 病院で診察を受ける（レントゲン、MRI、CT）。

▼

今後の方向性を決める
• 理学療法（理学療法士による運動、温熱、電気刺激、マッサージなど）、治療院（接骨・整骨、あんまマッサージなどの療法を行う）、トレーニングの方向性を決める。

▼

治療計画・トレーニング計画を立てる
• 回復を最優先して、トレーニング計画を立てる。

▼

計画を実行する
• 回復を最優先して、計画にそってトレーニングを進める。

▼

回復・復帰
• 故障中の計画的なトレーニングでスムーズな回復へとつなげ、二次的故障のリスクを軽減する。

アイシング

アイシングは腫れや痛みなどを抑え、炎症の拡大を防止して治癒を早めるなどの目的で行われる。

いわゆる「故障」は、ケガや身体的不調で本来の力を発揮できず、いつも通りのトレーニングや競技ができない状態のことをいいます。適切な治療と、回復に向けての筋力トレーニングなどが必要になります。症状を悪化させたり、後遺症を引き起こすような負担の大きい運動をしないように、トレーニングの方向性を定め、計画を立てなくてはいけません。

トレーニング方針をめる

体に痛みなどのトラブルが生じたとき、ごく軽度であれば、しばらく様子を見るなどの自己判断でいいかもしれませんが、監督やコーチ、トレーナーなどに判断を仰ぐほうが安心です。初期のアイシングやマッサージなどの処置で、症状が緩和される場合もあります。

受診が必要な場合は、その診断結果を受けて、今後の治療とトレーニングの方向性を検討します。理学療法や治療院への通院が必要であれば、その治療と併せてトレーニング内容を考える必要があります。回復期のトレーニングは計画を立て、計画にそって行われなくてはなりません。最も優先されるべきは故障からの回復で、痛みを伴うような運動や、過度な負担は避けなくてはてはなりません。トレーニング計画にそった適切な運動は、スムーズな復帰へとつながるもので、二次的な故障のリスクを軽減します。

回復のためのポイント

①故障の早期発見、早期回復が最も大切
体への意識を高く持ち、早期にコーチ、トレーナー、医師などに相談する。

②故障の箇所（患部）を悪化させない
痛みを伴う動きを避け、無理をしない。

③体力を落とさないように努める
故障中の運動制限による体力低下をトレーニング内容・方法の工夫で抑える。

④心肺機能を落とさない
水泳やエアロバイクなどで心肺機能に負荷をかける。

⑤体重を増やさない
通常のトレーニング時と同じように食べずに節制する。

⑥精神的な落ちこみを最小限にする
絶望感や失望感は回復を遅らせる。心配事をいったん心の外に置くセルフコントロールも必要。

⑦回復に向かって自主的に取り組む
自ら回復を求める心も、大きな能力の一つ。回復期にある日々を無駄なく過ごそう。

エアロバイク

トレーニングメニューをこなす

　故障からのすみやかな回復のためには、病気と同じように早期発見、早期療法（治療）、そして適切なトレーニング（リハビリ）が重要になってきます。

　何より大切なことは、故障した箇所の痛みを伴うような動きは避けること、そして適切な治療をきちんと受けることです。そのうえで、無理のない範囲で、体力や心肺機能を低下させないためのトレーニングメニューをこなしていくようにします。具体的には、次のような内容になります。

①軽いジョギング

　故障中は高度なトレーニングとなるので、復帰が近づいたら行いたいメニューです。痛みが出るようなことがあれば、中断します。30〜40分程度の時間、または6〜8kmを目安として、回復の状態に合わせて調整します。

②ウォーキング

　時間や距離を定めて行います。痛みが伴わなければ、なるべく動きを速めます。目安として2〜3時間程度、回復の状態に合わせて調整します。

③エアロバイク

　エアロバイクは、持久力の維持に最も有効な手段といえます。負荷の大きさや時間、こぐスピード、リカバリーや補強運動などとの組み合わせのバリエーションで、メイン練習と同等のトレーニング効果を上げることもできます。

④水泳

　全身持久力の維持に最も有効でといえます。筋肉の緊張をやわらげ、故障からの回復を促進する効果が期待できます。

⑤補強運動

　筋力を高める補強運動（70ページ）を組み合わせて、30〜60分程度行います。

⑥鉄棒

　懸垂、懸垂逆上がりなどで、特に背筋を鍛えるようにします。連続して行う回数、合計回数を決めて行い、記録します。

⑦ドリル

　スプリントトレーニングドリル（34ページ）やハードルドリル（40ページ）を行います。バウンディングは負担が大きいので行いません。

⑧ストレッチング

　静的ストレッチ（92ページ）やペアストレッチ（94ページ）などで柔軟性を維持します。

⑨マッサージ

　セルフマッサージやペアマッサージで筋肉の疲労を軽減し、コンディションを高めます。

　いちばん下の表は、上記の種目の週単位の組み合わせ例です。故障を克服して成功する選手には、共通項があります。それは、自分を改善するために必要なトレーニングに対して、高い忍耐力を持っていることです。なぜ回復を目指すのか、動機づけが非常に高く、トレーニングや物事対する完遂率が高いということです。

ドリルの実施例

スプリントトレーニングドリル

種目	ウォーク	スキップ	連続
けり上げ	20〜30m×2〜3	20〜30m×2〜3	20〜30m×2〜3
腿上げ	20〜30m×2〜3	20〜30m×2〜3	20〜30m×2〜3
振り出し	20〜30m×2〜3	20〜30m×2〜3	30〜50m×2〜3

バウンディングは脚への負担が大きいので行わない

ハードルドリル

種目	内容
①ハードルの横に立ち膝を曲げて越える	6台＝歩き、ジャンプ　1〜3回
②ハードルの横に立ち膝を伸ばして越える	6台＝歩き、ジャンプ　1〜3回
③ハードルの横を通常の跳び方で	6台＝歩き、ジャンプ　1〜3回
④脚を伸ばして2台越して1台戻る	1〜3回
⑤両足ジャンプ	6台×1〜3回
⑥ハードルを後ろ向きで越す	6台×1〜3回

自分の身長や跳躍力に合わせた高さ、ハードル間で行う

週単位の組み合わせ例

曜日	朝練の例	本練習の例
月	ゴミ拾い＋エアロバイク	治療院＋水泳
火	ウォーク＋エアロバイク＋ハードルドリル	ストレッチング＋3時間ウォーク
水	ウォーク＋軽いジョグ＋補強	90分ウォーク＋エアロバイク＋ジム補強＋ストレッチング
木	エアロバイク＋ストレッチング＋器具補強	エアロバイク＋スプリントトレーニングドリル
金	体重測定＋ゴミ拾い＋補強	補強＋ストレッチング＋水泳
土	体重測定＋ゴミ拾い＋補強	エアロバイク＋ハードルドリル＋マッサージ
日	2時間ウォーク	午後5時間弘法山ウォーク

水泳によるトレーニング

　故障中のトレーニング手段として定着していて、中・高校生にも取り組みやすい水泳をここでは取り上げます。身体能力の向上を目指すなら、故障者に限らず導入したい種目です。

　水泳は、全身持久力の向上に非常に有効です。泳ぎ方によって体への負荷強度が変わるため、メインの練習と同等のトレーニング効果を上げることもできます。なおかつ、新たな故障を引き起こすような心配がほとんどありません。

　ただ、水泳中心のトレーニングメニューでは、二つのことが試されます。それは、何日間も屋内のプールで単調なメニューをこなすという精神的持久力です。そして、復帰後に目標とするレースにその結果をつなげるための、メニュー作成能力です。トレーニングの目的と水泳で得られる効果を考えてバランスよくメニューを組めば、効率よく力をつけていくことができます。

特徴と効果

①メニューの組み方によって、中長距離走の全てのトレーニングメニューに対応した練習ができる。

②高い酸素摂取水準（自分の酸素摂取水準ぎりぎりのスピード維持）での追い込みができる。

　このレベルで繰り返すことにより酸素摂取水準を高めることができ、持久力とスタミナ養成ができる。

③酸素負債能力（酸素の供給が間に合わない運動量でどれだけ我慢できるか）を高めることができる。

④耐乳酸性（運動のエネルギーをたくさん作るために、筋肉内に蓄積した代謝産物［乳酸］に耐えて頑張れる力）を高める。

⑤軽い負荷で超持久的トレーニングができる（平泳ぎ）。

⑥トラックをプールに単純に置き換えることでトレーニングに親しみが出やすい。

注意点

①長距離競走とは別の苦しさがあり（特に呼吸）、モチベーションが低いと継続ができない。

②泳ぐ能力に個人差が大きく、個々にあったトレーニングメニューが必要で、決して無理をしてはいけない。したがって、選手どうしの比較をしてはいけない。

③全身の持久力を必要とし、裸であることから、体力の消耗が激しいので50分に10分は必ず休む。

④体調が優れない場合は行わない。

⑤「水の事故」防止に最善をつくして、仲間とふざけあったり、浮かれた気持ちで取り組んだりしない。

⑥指導員の指示に従う。

　故障をしていると、スロージョギングが中心になり、股関節や膝関節、肩関節などの可動域が小さい動きを長時間学習することになります。したがって、心肺機能は水泳で充分対応できるようになっていても、接地時間の長い（＝脚に負担の大きい）フォームでペース走をはじめてしまい、再度故障をしてしまうケースがあります。このような事態を事前に予防するためにも、脚筋力のバランスをとる強化と、動きの補強をしっかりと併用

する必要があります。また、クロール、平泳ぎ、背泳ぎ、バタフライなどの各種目を、泳力に応じてバランスよく配分し、エアロバイクやロングウォーク（3時間以上）と併用することで、さらに効果が期待できます。

簡単な流れと主なメニュー

①ウォーミングアップ（いきなり泳ぎを始めない）：体操・ストレッチング・水中ウォーク（200 m）

②軽く泳ぐ（クロール、平泳ぎ、背泳ぎ、バタフライ）各25 m

③再度、体操を5分

④水泳

  1　ジョグ系

  2　インターバル系

  3　レペティション系

  4　ペース走系

  5　ビルドアップ系

  6　変化走系

⑤クールダウン

水泳のトレーニングと組み合わせ方の例

1　ウォーク系　水中ウォーク

タイプ	
A	50分ウォーク　比較的ゆっくりとした動きでバランスをとったフォームで
A'	20分ウォーク（10分軽い泳ぎ）＋20分ウォーク
B	15分ウォーク（5分軽い泳ぎ）＋15分ウォーク（5分軽い泳ぎ）＋15分ウォーク
B'	10分ウォーク（5分軽い泳ぎ）＋10分ウォーク（5分軽い泳ぎ）＋10分ウォーク（5分軽い泳ぎ）＋10分ウォーク
C	20分＋20分＋20分＋20分（R5分　または　ストレッチング5分）
C'	20分＋30分＋20分＋30分（R5分　または　ストレッチング5分）

2　インターバル系　基本はクロールで行う

タイプ	
A （400m系）	①25m×20〜30本（R30秒） ②｛25m×10〜20本（R30秒）｝×3セット（セット間5分休息）
A' （400m系）	①25m×20〜30本（0時スタート） ②｛25m×10〜20本（間30秒）｝×3セット（セット間5分休息）0時スタート
B （1000m系）	①50m×15〜20本（R30〜60秒） ②｛50m×10〜15本（R30〜60秒）｝×3（セット間5分休息）
B' （1000m系）	①100m×10〜15本（R90〜120秒） ②｛100m×7〜12本（R90〜120秒）｝×3（セット間5〜10分休息）
C（ロングインターバル系）	①100m×10〜15本（R25m平泳ぎ） ②｛100m×7〜12本（R25m平泳ぎ）｝×3（セット間5〜10分休息）

3　レペティション系　基本はクロールで全力で泳ぐ

タイプ	泳力に合わせて距離と本数を変えても良い
A（3000m+2000m+1000m系）	100m+75m+50m+25m（R＝5分の休息）
A'（3000m+2000m+1000m系）	｛100m+75m+50m（R＝5分の休息）｝×2〜3セット（セット間15分ストレッチやウォーク）
B（ミドルレペティション系）	50m+50m+25m+25m（R＝5分の休息）
B'（ミドルレペティション系）	｛50m+50m+50m（R＝3分の休息）｝×2〜3セット（セット間15分ストレッチやウォーク）
C（ショートレペティション系）	25m×5〜10（R＝3分の休息）
C'（ショートレペティション系）	｛25m×5（R＝3分の休息）｝×2〜3セット（セット間15分ストレッチやウォーク）

4 ペース走系　全力での泳ぎの6割程度のスピードで持久力を高める

タイプ	休息をはさんで2セットやってもいい
A	1000m（平泳ぎ）
A'	1000m（クロールと平泳ぎの交互）
B	500m＋500m（R10分　または　ストレッチング10分）
B'	300m＋300m＋300m＋3000mクロールと平泳ぎ交互（R10分休息）
C	200m＋200m＋200m＋200m＋200m（R5分）
C'	200m＋200m＋200m＋200m＋200mクロールと平泳ぎの交互（R5分）

5 ビルドアップ系　ゆっくりのペース→中くらいのペース→ペースを上げ、ラスト25mは全力で泳ぐ

タイプ	50m単位でペースを上げて行く
A（16000m）	800m（平泳ぎ400mクロール400m）
A'（12000m系）	600m（クロールで徐々にペースを上げていく）
B（ミドル系）	600m（平泳ぎ300mクロール300m）
B'（ミドル系）	500m（クロールで徐々にペースを上げていく）
C（ショート系）	500m（平泳ぎ250mクロール250m）
C'（ショート系）	400m（クロールで徐々にペースを上げていく）

6 変化走系　ゆっくりのペース→中くらいのペース→速いペース→ゆっくりのペース→中くらいペース→速いペースを繰り返す

タイプ	50m単位でペースに変化を付けて行く
A（16000m）	800m（平泳ぎ50mクロール50mを繰り返す）
A'（12000m系）	600m（全てクロールで50mごとペース変化）
B（ミドル系）	500m（平泳ぎ50mクロール50mを繰り返す）
B'（ミドル系）	500m（クロールで徐々にペースを上げていく）
C（ショート系）	400m（平泳ぎ50mクロール50mを繰り返す）
C'（ショート系）	400m（クロールで徐々にペースを上げていく）

1～6の各種目を組み合わせることで、さらにトレーニング効果が期待できます。
例　1 A＋3 A'　　　1 A'＋2 B'

メディシンボールを使う

　鍛錬期（冬期）によく行われるメディ
シンボールを用いた補強運動も、故障中
の筋力の維持には有効です。写真は脚を
固定してもらい、腹筋や背筋を鍛えてい
る例です。

食事とコンディション

ランナーの食事を考えるとき、大きなポイントとなるのは、摂取カロリー、栄養素、食事のタイミングの3点です。コンディションの維持や、競技力の向上のためにも、食事についての正しい知識を持つことは必要です。

1日の摂取カロリー量

コンディションを整え、競技力を向上させるための食事について、

1　摂取カロリー
2　栄養素
3　食事のタイミング

の3点から確認していきましょう。

まず、摂取カロリーについてです。アスリートは、トレーニング量に見合ったカロリーをとらなければなりませんが、むやみに高ければいいというものでもありません。消費するカロリー以上に摂取し続ければすれば、体脂肪となって蓄積されていくことになります。

摂取カロリーと体重			
摂取 > 消費	→	体重増加	
摂取 < 消費	→	体重減少	
摂取 = 消費	→	体重維持	

それでは、1日に必要なエネルギー量はどれくらいでしょうか？　右ページの計算式から、おおよそのエネルギー量を求めることができます。

計算式のうち、「体脂肪率」とは、体内に含まれる体脂肪の重量の割合のことをいいます。正確に測るにためには、大掛かりな装置が必要になります。一般に普及しているのは、体に微弱な電流を流して体脂肪率を推定するものです。一般の人と異なり、筋肉の比率が高い選手は正確に測りにくいため、「アスリート」モードを設定できるものもあります。

「基礎代謝量」とは、何もしないでいても、生命を維持するために使われるエネルギー量のことです。成人男子で1日に1,500kcal、成人女子で1,200kcalとされています。これは生きていくために最低限必要な量ですから、実際にはその人の「身体活動レベル」に応じたエネルギー消費が必要で、基礎代謝量の1.5〜2倍とされています。

身体活動レベルについては、競技種目や期分けなどによって異なってきますので、表を参考にして、1日の消費カロリー量を求めてください。

摂取カロリー量が適切かどうかは、体重に表れます。毎日同じ時間、同じ状況で体重を測定、記録するようにしましょう。体重に増減があり、一定しないときは、食事の問題が考えられます。例えば、週末に決まって増加傾向が見られるようなら、週末の食事を見直すほうがいいでしょう。

ダイエットはしない

　体重が増加傾向にあるか、適性と考えられる体重をオーバーしているときでも、食事内容を制限するようなダイエットは行わないのが原則です。

　とくに成長期にある中・高校生の場合、食事制限は栄養不足につながりやすいため、注意が必要です。食事以外で余分なカロリー（糖分の高い飲料）をとっていることもあるので、生活全体を見直してみましょう。

（ 体組成の測定 ）

体重、体脂肪に加えて、除脂肪体重、骨の重さ、水分の量、左右の脚の筋肉量、その比率などが測れる計器。しかるべきところに行けばあるので、チャンスがあれば測定してみるのもいい。

（ 1日に必要なエネルギー量 ）

1日に必要なエネルギー量の求め方
①除脂肪体重（LBM：lean body mass 脂肪を除いた体重）を求める
　・体脂肪量（kg）＝体重 [　　　]（kg）× 体脂肪率 [　　　] ％ ÷ 100
　・除脂肪体重（kg）＝体重 [　　　]（kg）— 体脂肪量 [　　　]（kg）

②基礎代謝量を求める
　・基礎代謝量（kcal）＝ 28.5（アスリート用）× 除脂肪体重 [　　　]（kg）

③身体活動レベルを求める

種目	トレーニング期	オフトレーニング期
持久系	2.50	1.75
筋力・瞬発力系	2.00	1.75
球技系	2.00	1.75
その他	1.75	1.50

④1日に必要なエネルギー量を求める
　・1日に必要なエネルギー量 ＝ 基礎代謝量 × 身体活動レベル

例）
体重 60kg、体脂肪率 10％のアスリートの場合
体脂肪量＝ 60（kg）× 10（％）÷ 100 ＝ 6（kg）
除脂肪体重＝ 60（kg）—6（kg）＝ 54（kg）
基礎代謝量＝ 28.5 × 54 ＝ 1539（kcal）
　1日に必要なエネルギー量＝ 1539（kcal）× 2.50 ＝ 3847（kcal）
＊持久系のトレーニング期で算出、小数点以下は切り捨て

栄養素をバランスよく

　1日に必要な摂取カロリー量について
は前ページで確認しましたが、食事はそ
の内容、すなわち栄養（素）に気を配る
ことも大事です。必要な栄養をきちんと
とることとトレーニングは、車の両輪に
例えられるくらいに、おろそかにしては
ならないことです。かといって、難しい
ことではありません。

> トレーニング＜栄養
> 　体脂肪増加→故障、競技力下降
> トレーニング＞栄養
> 　ケガ、疲労、貧血、
> 　筋肉が発達しない
> トレーニング＝栄養
> 　コンディション良好、競技力向上

　糖質（炭水化物）、脂質、たんぱく質、
ビタミン、ミネラルなどの栄養素をバラ
ンスよくとることが大切です。

アスリートの食事

　アスリートは主食をしっかりとること
が基本です。国際陸上競技連盟（ワール
ドアスレティックス）は、体内へのエネ
ルギー貯蔵のために、長距離選手は十分
な糖質を摂取すべきとしています。

　糖質は、消化・吸収されてグルコース
（最小単位）からグリコーゲンになり、
肝臓（約100g）や筋肉（約250g）に
貯蔵されます。血液中でも血糖（グルコー
ス）として利用され、合わせて約1400
kcalほどになります。

　運動後も、筋グリコーゲンを回復する
ため、糖質の高い食事をすることが必要
で、糖質の低い食事が続くと、筋グリコー
ゲン貯蔵量が低下するという報告があり
ます（Costillら1980）。

　糖質を十分にとっていれば、たんぱく
質がエネルギーとして消費されるのが抑
えられ、体をつくるという本来の働きに
使われます。

栄養素の働き

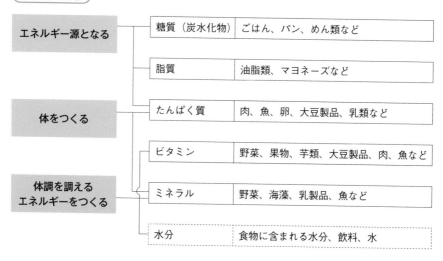

エネルギー源となる	糖質（炭水化物）	ごはん、パン、めん類など
	脂質	油脂類、マヨネーズなど
体をつくる	たんぱく質	肉、魚、卵、大豆製品、乳類など
体調を調える エネルギーをつくる	ビタミン	野菜、果物、芋類、大豆製品、肉、魚など
	ミネラル	野菜、海藻、乳製品、魚など
	水分	食物に含まれる水分、飲料、水

貧血に注意

鉄分は、血液中の赤血球に含まれるヘモグロビンをつくるために必要です。ヘモグロビンは酸素分子と結びついて、酸素を肺から全身へと運搬します。鉄分が不足すると、貧血に陥ります。貧血は持久力や、運動持続事間などを低下させます。スポーツ選手には鉄欠乏性貧血が多くみられます。

特に長距離の場合は、発汗や足底の機械的な刺激による溶血から、圧倒的に貧血の選手が多いといわれています。

疲れやすく、記録が伸び悩んだり、落ちているようなときは、病院で検査をするほうがいい場合もあります。

鉄分の摂取は、医学的に必要な場合を除き、食事からが原則です。安易にサプリメントで補給したり、鉄剤注射を行ってはいけません。鉄剤に限らず、サプリメントは効果や副作用が検証されていないものもあり、食事にとって替わるものではありません。知らずにドーピング物質を摂取することになり、薬物テストで判明する危険性もなくはありません。とくに中・高校生はサプリメントの常用は避けるべきです。

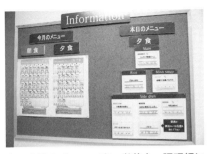

寮の食堂のメニュー表。栄養士・調理師によってベストな食事が用意される

毎日決まった時間に食事をとることも、コンディション維持には大切

下に鉄分の多い食品を挙げます。食品に含まれる鉄には、吸収されやすいヘム鉄と吸収されにくい非ヘム鉄があります。鉄分を吸収されやすくするためには、ビタミンCと良質なたんぱく質を同時にとるようにします。どちらも鉄と作用し、吸収されやすくなります。

鉄分を多く含む食品

動物性食品（ヘム鉄）
豚や鶏のレバー、卵黄、小魚のつくだ煮、牛もも、干し魚、あさりなど
吸収率 10 ～ 30%

植物性食品（非ヘム鉄）
干しひじき、海苔、切り干し大根、小松菜、ほうれん草、凍り豆腐、納豆、きな粉、小麦胚芽など
吸収率 2 ～ 10%

基本の献立

前ページで述べた通り、必要な栄養素を必要なだけとることが大切です。とはいっても、カロリーブックを片手に毎食、食事内容をチェックするのでは大変です。そこで、基本の献立をイメージして、足りないものがあれば、なるべくプラスするような食事のとり方を工夫します。

また、外食では、次のことを頭においてメニューを選ぶようにしましょう。栄養がとりきれなかったときは、次の食事か補食で補うようにします。

・単品よりは皿数の多い定食
・具の多い料理
・脂質が多いものは控えめに
・野菜料理をなるべく選ぶ
（たんぱく質は外食でも比較的とりやすい）

(バランスのよい食事)

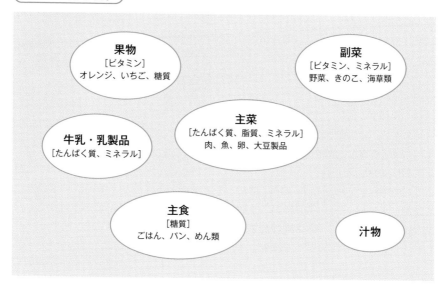

果物
[ビタミン]
オレンジ、いちご、糖質

副菜
[ビタミン、ミネラル]
野菜、きのこ、海草類

主菜
[たんぱく質、脂質、ミネラル]
肉、魚、卵、大豆製品

牛乳・乳製品
[たんぱく質、ミネラル]

主食
[糖質]
ごはん、パン、めん類

汁物

(足りないものをプラス)

コンビニ弁当 ＋ 副菜 ＝ 煮物、卵焼き、あえもの、サラダ、ヨーグルト、野菜ジュースなど

ファーストフード ＋ ジュース、スープ、サラダなど

パスタなどの1品料理 ＋ 牛乳、果物など

定食屋 ＋ サイドメニュー ＝ 納豆、ひじき、生卵、じゃこおろし、おひたしなど

牛丼屋 ＋ サイドメニュー ＝ 生卵、サラダ、豚汁、オレンジジュースなど

トレーニングの前後の食事

　一般的には、エネルギー不足でのトレーニングは好ましくありません。

　朝食前に朝練習を行うのであれば、その前に軽く補食をとるか、水分補給をするようにします。また、午後のトレーニングの開始時刻が昼食からあいてしまうときは、2時間前に補食をとるのが理想です。トレーニング終了時刻から夕食まで時間があくときも、高糖質の補食をとります。運動後にすみやかに栄養を補給すると、グリコーゲンの回復スピードが早く、筋量増加につなることが認められています。

試合前の食事

　試合前には緊張から、消化能力が落ちることも考えられます。いつも通りのバランスよい食事をとろうと無理をする必要はありません。

　とくに生ものは、食あたりの用心のためにも避けるほうがいいでしょう。消化に時間がかかり、胃にもたれやすい揚げものなど、油脂が多くふくまれる食品も避けるほうが無難です。体質によっては、まめ類やいも類、乳製品など、ガスが発生しやすい食品を避けるほうがいい場合もあります。

　糖質が効率よくエネルギーに変換されるためには、ビタミンB1が必要ですから、豚肉などは試合前の食事の主菜としては適しているといえます。

　また、ビタミンCは抗ストレスホルモン（副腎髄質ホルモン）を作ることで血中糖分を増やし、エネルギーを増大させる効果があるため、柑橘類などの果物をとるようにしましょう。

試合前に避けたい食品

×生もの

×揚げもの、油脂が多くふくまれる食品

×まめ類やいも類、乳製品など、ガスが発生しやすい食品

東海大学陸上競技部中長距離ブロックの例

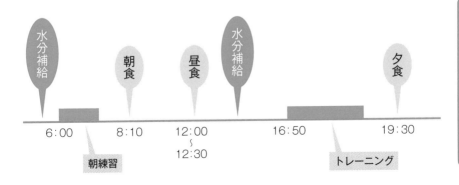

あとがき

　第 1 版の発行から 8 年以上が経過し、おかげさまで第 2 版の発行ができました。この間、中長距離種目では男子 5,000m、10,000m、マラソン、女子 1,500m、10,000m などの種目で日本記録が更新されました。中学記録や高校記録も更新され、各年代における選手のレベルの向上には驚かされます。

　情報化社会がますます進み、選手どうしの情報交換が行いやすくなり、一流選手が自分の練習を動画で公開したり、今はどこにいても誰がどのような記録を出したのか、どのような練習をしているのかがわかる時代です。それに加えてランニングシューズの改良や、ランニングウォッチの進化、スマートフォンでのランニングアプリの活用など、選手をバックアップするシステムがどんどん進化しています。

　部活動が中心であった中・高校生の選手の周囲は、各地でクラブチームが立ち上がり、部活離れや顧問の働き方改革などもあり、たった 8 年で大きく変化しています。それらに対応し、変化について行くのが精一杯な感じさえ、私には見受けられます。

　一方で、挑戦し続けているものには変わりがありません。オリンピックであり、箱根駅伝であり、各種目の記録への挑戦であったり。そうした挑戦が繰り返されるなかで、続々と新しいヒーロー・ヒロインが誕生して我々を楽しませ

てくれます。

　そうした選手の活躍は本当に嬉しいものです。ここ数年で、長らく低迷していた男子マラソンがにわかに活気づき、次々に日本記録が更新されて、その勢いは止まらない感じがします。今や日本人も男子マラソンで2時間5分を切りました。数年前までは想像できなかった記録です。情報化が進むなかで、今まで知ることができなかった選手の努力の中身が公開され、選手自身もそれを発信することでモチベーションを上げている、そうした情報は中・高校生も簡単に手に入れられます。

　若い時代に「本物」に触れることができる経験は大きいと思います。そうしたことがますます進むこれから先は、記録の向上がさらに期待できます。過去の経験から学び、未来を想像して、現在を精一杯努力すれば、これからも私たちを楽しませてくれるニューヒーロー、ニューヒロインは続々誕生するでしょう。本書がその一助になればこれほど嬉しいことはありません。

　最後になりましたが、本書を発行するにあたり、ご協力いただいた皆様方に心より感謝申し上げます。

両角　速

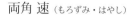

両角 速（もろずみ・はやし）

東海大学体育学部競技スポーツ学科教授
東海大学陸上競技部中長距離駅伝監督
日本オリンピック委員会強化スタッフ（陸上競技）
日本陸上競技連盟強化委員会強化育成部委員（長距離）
1966年 長野県茅野市出身
1989年 東海大学体育学部卒
指導歴　1995年より長野県佐久長聖高等学校で指導、2010年度までの指導の中で全国高校
駅伝出場13回、入賞12回。2008年全国高校駅伝優勝（高校最高記録）。800m、1,500m、
3,000m、5,000m、10,000m、高校駅伝の6種目で日本高校記録もしくは日本高校最高記録
を更新した指導経歴を持つ。2011年度より、母校の東海大学陸上競技部中長距離駅伝監督に
就任。2019年に東海大学初の箱根駅伝総合優勝へと導いた。
著書　『人間力で闘う—佐久長聖高校駅伝部の強さの秘密』信濃毎日新聞社発行、『前に進む
力—Keep Going』東海教育研究所発行

［協力］
東海大学陸上競技部中長距離ブロック
阿部 歩・市村朋樹・大江和暉・田中康靖
長田駿佑・本間敬大・松﨑健悟・吉冨裕太

陸上競技入門ブック
（りくじょうきょうぎ にゅうもん）

中長距離・駅伝　第2版
（ちゅうちょうきょり　えきでん　だいはん）

2012年 9月30日　第1版第1刷発行
2021年 4月30日　第2版第1刷発行

著　者　両角 速（もろずみ はやし）
発行人　池田哲雄

発行所　株式会社ベースボール・マガジン社
　　　　〒103-8482　東京都中央区日本橋浜町2-61-9 TIE浜町ビル
　　　　電話　03-5643-3930（販売部）
　　　　　　　03-5643-3885（出版部）
　　　　振替口座　00180-6-46620
　　　　http://www.bbm-japan.com/

印刷・製本　共同印刷株式会社